Athys Floride

Stufen der Meditation

STUFEN DER MEDITATION

Die Grundstein-Meditation als Lebensquell

Athys Floride

Verlag am Goetheanum

Von der französischen Originalfassung ins Deutsche übertragen in Zusammenarbeit mit Johanna Auer.

Die Hervorhebungen in den Zitaten von Rudolf Steiner stammen hauptsächlich vom Verfasser.

2. Auflage 1993

Einbandgestaltung von Walther Roggenkamp.

Gesamtherstellung: Konkordia Druck GmbH, D-7580 Bühl

ISBN 3-7235-0452-3

Inhalt

Vorbemerkung

Die Bedeutung der Weihnachtstagung und die Arbeit der Mitglieder der Anthroposophischen Gesellschaft

Während der Weihnachtstagung im Dezember 1923 stiftete Rudolf Steiner die Neuen Mysterien, indem er in einem feierlichen, kultischen Akt den Grundstein, die Grundstein-Meditation, in die Herzen der Mitglieder der soeben neu gegründeten Allgemeinen Anthroposophischen Gesellschaft versenkte. «Und der rechte Boden, in den wir den heutigen Grundstein hineinverlegen müssen, der rechte Boden, das sind unsere Herzen in ihrem harmonischen *Zusammen*wirken, in ihrem guten, von Liebe durchdrungenen Willen, gemeinsam das anthroposophische Wollen durch die Welt zu tragen.»[1] Dieses soll wie eine Mahnung aufgenommen werden, fügte Rudolf Steiner hinzu, eine Mahnung, die von diesem Grundstein, von diesem Liebes-Grundstein selbst ausstrahlt.

Rudolf Steiners Anliegen war es, im Zusammenhang mit dem Zeitgeist Michael eine Gesellschaft von Menschen zu gründen, in diesem Fall die Anthroposophische Gesellschaft, die sich in den Dienst der sich seit dem Ende des Kali Yuga (1899) der Menschheit nähernden neuen geistigen Impulsierung stellte. Die geistige Arbeit jedes Mitgliedes würde, dank dieser Grundmeditation, ermöglichen, die Schale zu bilden, welche das neue Licht, das Licht von Michael-Christus, aufnehmen kann.

Zwei Dinge charakterisieren unter anderem die Bildung dieser Schale: 1. die geistige Forschungsarbeit der Mitglieder auf der Grundlage der individuellen Aktivität; 2. die Wahrnehmung dieser Arbeit durch die anderen Mitglieder, dadurch einen fruchtbaren *Austausch* ermöglichend.

Die Anthroposophische Gesellschaft war tatsächlich gegründet worden, weil Menschen die Notwendigkeit erkannten, «das seelische Leben im einzelnen Menschen und in der menschlichen Gesellschaft auf der Grundlage einer wahren Erkenntnis der geistigen Welt (zu) pflegen...» So lautet das erste der von Rudolf Steiner verfaßten Prinzipien.[2]

Das *Leben* dieser Gesellschaft wird seine Entfaltung nur erfahren, wenn dieses Grundprinzip bewußt respektiert wird: das Seelenleben wird durch die Forschung in der geistigen Welt vertieft; die Verbindung zwischen den Seelen, die sich die Ergebnisse ihrer Forschung mitteilen, wird befestigt; Interesse ist zu zeigen für die Forschung der anderen. Durch diesen intensiven und konstruktiven Austausch wird die Schale geschmiedet, welche, wie der Gral, das, was die geistige Welt den Menschen geben will, aufnehmen und tragen wird.

In diesem Sinne sollte diese Arbeit als eine Art von Studien verstanden werden. Es handelt sich mehr um ein Zur-Verfügung-Stellen von Gedanken, die zur Vertiefung des «Grundsteins» dienen können, als um ein vollständiges und abgeschlossenes Ganzes.

So hoffen wir, einen Stein beizutragen zu dem Gebäude, dessen Bau kaum begonnen hat und welches einst das himmlische Jerusalem sein wird.

I. Der Grundstein als Lebenskeim

Der Christus-Impuls und die Zeit

Eine der uns am nächsten stehenden Qualitäten des Christus-Impulses ist seine Verbindung mit der Zeit. «Der Christus hat den Menschen wiederum die Zeit gebracht.»[3]

Wer hat nicht die Erfahrung der Zeit? Es ist eine der menschlichsten Erfahrungen. Man könnte die Beispiele, wo dieses Element der Wirklichkeit für uns Erfahrung wird, vervielfältigen aus den Werken großer Dichter und Schriftsteller. Empfindsam geworden für die Zeit, die vergeht, können sie uns dieses Gefühl für den Zeitenstrom widerspiegeln und vermitteln. Einige unter ihnen haben sogar eine so tiefe Wahrnehmung für den Faktor Zeit, daß sie die Barriere der Geburt durchbrochen haben und in der Zeit zurückgegangen sind bis zu einer vorigen Inkarnation.[4]

«Denn Gedanken über die wiederholten Erdenleben hatten nur diejenigen Menschen und Menschengruppen, welche sich die Zeit in ihrer Reinheit, in ihrer Raumlosigkeit vorstellen konnten.»[5] Das, was besonders empfindsame Naturen mit Macht erleben, ist so, daß jedes menschliche Wesen aufgrund seines Menschseins mindestens eine Empfindung hat von etwas, was vorübergeht in drei wesentlichen *inneren Qualitäten,* die zu dem menschlichen Seelischen gehören:

die Vergangenheit, die Gegenwart, die Zukunft.

Wir haben von diesen drei Augenblicken des Zeitenstroms eine mehr oder weniger klare, mehr an das Gefühl als an die Erkenntnis gebundene Erfahrung. Dieses Gefühl, gedämpft und dennoch stark, stellt uns vor eine Vergangenheit, die ins Nichts verschwindet – und dieses Verschwinden ruft oft Leiden hervor – und eine ungewisse, manchmal bedrohende Zukunft. Ungewissheit und

Bedrohung lassen in uns Angst entstehen. Dieses Gefühl stellt uns auch vor die Gegenwart, welche, zwischen beiden stehend, nur ein Kommen und Gehen von der einen zu der andern sein kann.

Was von vornherein zu bemerken ist, ist die einfache Feststellung, daß der *einzige Augenblick,* der zu unserer Verfügung steht und dadurch *bevorzugt* wird, die Gegenwart ist. Die Vergangenheit ist schon «gewesen», die Zukunft «ist noch nicht», beide entziehen sich zunächst unserem Zugriff. Das ist der Grund für diese Reaktion des Schmerzes gegenüber dem, was wir nicht mehr ändern oder noch einmal erleben können und dem, was sich unserer Entscheidung als noch nicht seiend, nicht existierend entzieht.

Folglich müssen wir unsere Aufmerksamkeit auf die Gegenwart richten, Ende und Anfang zugleich, und uns fragen, welche bewußte innere Einstellung wir uns ihr gegenüber zu eigen zu machen haben. Der Gesichtspunkt, den wir in dieser Frage wählen, ist der des inneren Schulungsweges, d. h. die Stellung des Geistesschülers, welcher der Gegenwart gegenüber eine bewußte Haltung einzunehmen beschlossen hat. Gewöhnlicherweise verhält sich der Mensch spontan. Er führt aus, was der Dichter Horaz durch folgende Worte zum Ausdruck bringt: «Laßt uns die Gegenwart genießen» (carpe diem). Dadurch begnügt er sich, das, was zu ihm kommt, aufzunehmen, ohne sich weder um die Vergangenheit zu kümmern, d. h. ohne sich zu fragen, warum gerade dieses zu ihm kommt und es dem Verschwinden anheimfällt, noch um die Zukunft: was wird morgen sein? Es wird sein, was sein wird. Diese Haltung ist berechtigt – übrigens eine sehr verbreitete Philosophie – die man verteidigen könnte. Aber sie ist nicht die Haltung eines Geistesschülers, der sein Leben so gestaltet, daß er die Fragen innerlich bewegt: «Was tun mit der Vergangenheit? Wie die Zukunft vorbereiten?» Anders ausgedrückt: «Wie die Gegenwart voll und bewußt erleben?» So, wie die Vergangenheit in der Gegenwart anwesend ist, ob man es weiß oder nicht, wird die Zukunft Bezug auf die Gegenwart haben und wird aus dem, was man empfindet, beschließt, was *in* der Gegenwart lebt, beeinflußt werden.

Hier trifft man auf das Problem der Freiheit in ihrem ganzen Umfang.

Dieses bedeutet das Bewußtwerden einer Tatsache: daß wir aufmerksam werden müssen darauf, daß der Mensch, in der Gegenwart stehend, sich in den Strom der Zeit frei hineinstellt, wenn er sich für seine Vergangenheit verantwortlich fühlt, um sie in die Zukunft zu verwandeln, d. h. wenn er sich innerhalb eines *Prozesses* fühlt und bewußt darin leben will. Die Wirklichkeit als in einem *Prozeß* befindlich zu erleben bedeutet, die Zeit als eine reale Gegebenheit wahrzunehmen.

Das heißt, daß ich in jedem gegenwärtigen Ereignis, sei es bedeutend oder unbedeutend, seine Vergangenheit so anschaue, daß ich von ihr lerne, das Wesentliche darin entdecke und, mich dann der Zukunft zuwendend, sie aus der Erfahrung vorbereite, ohne mich durch diese einengen oder lähmen zu lassen.

Anders gesagt: *nur wenn der Mensch aus einer bewußten Anschauung der Vergangenheit den Weg zur Zukunft frei gestaltet, kann das Neue in den Strom der Zeit gesund eintreten.*

Handelt er anders – darüber werden wir noch zu sprechen haben –, fängt nicht das Neue an zu wirken, sondern es entstehen *Chaos* und Zerstörung.

Ein deutsches Wort, das diese Lebenssituation klar wiedergibt und welches deutlich zeigt, daß der germanische Sprachgeist diese Notwendigkeit, im Zeitstrom zu leben, wahrnimmt und diejenigen, die diese Sprache benützen, es durch ihre Geistigkeit erleben läßt, ist das Wort: *werden.*

Erinnern wir uns, wie oft dieses Wort in vielen Formen als Hilfsverb gebraucht wird: Zukunft, Möglichkeitsform, Passiv usw. Aber natürlich auch in seiner eigentlichen Bedeutung von «entstehen», «sich entwickeln», z. B. «es werde Licht!» Immer wird ein Prozeß beschrieben: krank werden, schlecht werden usw.

Versuchen wir uns nun, in die Dreiheit *Vergangenheit, Gegenwart, Zukunft* zu vertiefen. Das anthroposophische Weisheitsgut lehrt uns, daß der Zeitenstrom unter anderem zwei gegeneinander wirkenden Kräften ausgesetzt ist, der des Luzifer und der Ahrimans. Luzifer strebt an, seinem Wesen entsprechend, Entwicklung zu verhindern und bemüht sich, alle Mittel anwendend, zu *konservieren,* was auf die eine oder andere Weise im Zeitenlauf entsteht, um ihn dadurch zu bremsen.

Dieses ist nicht nur gültig für die großen Ereignisse, wie die Menschheits-Zivilisationen, die Luzifer ewig dauern lassen möchte, sondern auch für die kleineren oder ganz kleinen alltäglichen Ereignisse. Ebenso zeigt sich diese Wirkung im Innern des Menschen. Da nimmt man wahr, wie es oft schwierig ist, seine Gedankengänge so zu ändern, daß Neues aufgenommen werden kann. Dieses muß allerdings hart erkämpft werden. Also möchte Luzifer den Menschen aus den irdischen Evolutionsvorgängen herausbringen.

Im Gegensatz dazu entwickelt Ahriman einen tiefen Haß gegen alles, was von der Vergangenheit kommt. Mit wütender Heftigkeit und Gewalt, mit schrecklicher Kraft zerstört er. Seine Absichten sind deutlich: was ihn drängt, ist der tief verwurzelte Trieb, die Vergangenheit zu leugnen, um die Menschheitsentwicklung in eine ihm günstige Richtung zu orientieren. Alles, was zu tun hat mit Zerstörung, Tod, Krieg, Verwüstung, hat seinen Ursprung im so gearteten Wesen Ahrimans. Auf gar keinen Fall die Vergangenheit berücksichtigend, im Gegensatz zu Luzifer, der es liebt, daß die Gegenwart reine Widerspiegelung der Vergangenheit ist, entfaltet Ahriman eine hartnäckige Tätigkeit, um in die Gegenwart die Zukunft direkt und ohne Vorbereitung eintreten zu lassen. Infolgedessen muß er das Bestehende so schnell wie möglich zerstören, um der in seiner Weise gestalteten Zukunft Platz zu schaffen, die dann sein Werk sein würde. So stehen Luzifer und Ahriman im Kampf.

Der Mensch befindet sich im Mittelpunkt dieser Auseinandersetzung, dieses Kampfes, der in den Strom der Zeit, jede in ihrer Art, hineinwirkenden Gegenkräfte. Dessen muß er sich bewußt werden.

Mit welcher inneren Seelenhaltung begegnet man diesen beiden Kräften?

In dem Vortrag «Das Wesen des Gebetes»[6] zeigt Rudolf Steiner, welche Gefühle wir erwecken und pflegen können den beiden Zeitqualitäten, der Vergangenheit und der Zukunft gegenüber. Wende ich mich der Vergangenheit zu und bin ich bestrebt, sie objektiv wahrzunehmen, kann ich in ihr zwei Realitäten sehr stark empfinden. Erstens nehme ich wahr, daß ich durch eine versteckt wirkende, erhabene, weise Macht geführt worden bin, welche mich vor verschiedene Erfahrungen gestellt hat, von welchen ich viel gelernt habe. Man nennt das oft zu einfach «das Schicksal», aber dahinter verbirgt sich der Fatalismus. Im ursprünglichen Sinn jedoch heißt das: Ereignisse oder Wesen sind mir «geschickt» worden, um mir bereichernde Erfahrungen zu bringen, Erfahrungen, die für mich bestimmt waren. Auf diese Weise entdecke ich eine übersinnliche Realität, voll Weisheit und Liebe.

Die zweite Seite der Vergangenheit, die sich meinem Blicke zeigt, ist, daß ich im Grunde genommen niemals wirklich dem gewachsen war, was sich mit mir ereignet hat, oder dem Wesen, dem ich begegnet bin, das mich führte, dem gegenüber ich mich «blind» und «taub» verhalten habe. Ein mächtiges Gefühl wächst in der Seele, wenn ich mir diese Gebetshaltung zu eigen mache –, denn so ist ihre Bedingung: meine Unzulänglichkeit zu fühlen, alles, was mir geschickt worden ist, ausgeschöpft zu haben.

Ich stelle fest, wie viel mir entgangen ist. Ich war sozusagen nicht «auf der Höhe» dessen, was sich ereignet hat; war ihm nicht gewachsen.

Aus diesen beiden Gefühlen, welche in dieser Gebetsstimmung der Vergangenheit gegenüber eine bedeutende Intensität annehmen können, wird in der Seele die Frömmigkeit geboren. So aufgefaßt, bekommt diese eine ganz andere Bedeutung, denn sie wird erzeugt, indem man die Vergangenheit unter dem Gesichtswinkel dieser beiden Erfahrungen wahrnimmt: es gibt eine geistige Welt, ich fühle mich klein ihr gegenüber und bin unfähig gewesen, sie ganz zu erleben. Dieses aus dem Gebet geborene Frömmigkeitsgefühl ist das Gegenmittel gegen den Hochmut. Dieser würde uns anregen, die Vergangenheit als unser Werk zu erleben, als ein Gebiet der eigenen Entfaltung, als ein Werk, das uns vollkommen gelungen erscheint. Infolgedessen möchte ich es konservieren und betrachte ab und zu diese Vergangenheit mit einer gewissen Wollust oder mindestens mit einer gewissen Befriedigung. Umgekehrt führt uns die Frömmigkeit dazu zu empfinden: du mußt dich ändern und es besser machen; das, was du tust, ist ungenügend.

Wende ich mich zur Zukunft hin, ist es nicht mehr das Gefühl des Hochmuts, das in mir lebt und mich verführt, sondern das Gefühl der Angst. Vor der Vergangenheit hat man keine Angst, das ist klar. Sie ist da, abgeschlossen, geformt. Man kann höchstens bedauern, daß sie so geworden ist, wie sie ist. Gegenüber der Zukunft, dem Auf-uns-zu-Kommenden dagegen lauert in uns die Angst, da die Zukunft uns immer zu entgleiten scheint. Es ist das Unbekannte, dem gegenüber die gewöhnliche Reaktion die Angst ist. Wo wurzelt die Angst? Wendet sich der Blick in die Vergangenheit, richtet er sich auf etwas Abgeschlossenes, eine Art Objekt; es ist der kühle Blick der *Erkenntnis*. Die Erkenntnis ist in diesem Fall ein Bewußtwerden der Vergangenheit, was mehr mit dem Kopf, mit dem Denken zusammenhängt und wodurch die oben beschriebenen Gefühle in uns erweckt werden. Der Blick in die Zukunft ist an die Willenskräfte gebunden: ich möchte, daß diese Zukunft eine bestimmte Gestalt annimmt, aber ich *weiß nicht*, ich *kann* nicht wissen, was für eine es sein wird. Dieses Unbekannte, welches aus der Finsternis an mich herantritt, ruft die Angst in mir hervor.

Angesichts dieser unbekannten Zukunft läßt das Gebet, die innere Gebetshaltung in mir ein Gefühl der aktiven Aufnahmebereitschaft dem gegenüber, was kommen wird oder was würde kommen können, geboren werden. Meistens möchten wir diese Zukunft selbst bestimmen, in unserem Dienste, und – nicht wahr? – im Dienste unseres Egoismus. Wir möchten sie so gestalten, daß sie so angenehm wie möglich für uns verläuft. Folglich ergreift uns eine intensive Angst, wenn wir feststellen müssen, daß dies nicht möglich ist, daß das, was unvermeidlich kommt, zerstören könnte, was wir haben, selbst, was wir heiß lieben, uns Schmerz zufügen oder uns zu der Anstrengung zwingen könnte, uns einer neuen Situation anzupassen. Das Gefühl der Aufnahmebereitschaft, das Ergebenheitsgefühl in unserem Willen dem gegenüber, was kommen muß, besiegt die Angst. Dann sind wir frei der Zukunft gegenüber. «Wer ängstlich und furchtsam hinblickt auf das, was ihm die Zukunft bringen kann, der hindert seine Entwickelung, hemmt die freie Entfaltung seiner Seelenkräfte. Nichts ist eigentlich dieser freien Entfaltung der Seelenkräfte so hinderlich als die Furcht und Angst vor dem Unbekannten, das aus dem Strome der Zukunft in die Seele hereintritt.»[7]

Dieses Ergebenheitsgefühl kommt sehr deutlich bei Strader im vierten Mysteriendrama zum Ausdruck: «Doch wird geschehen, was geschehen muß.»[8]

Die Geistesschulung im Verhältnis zum Zeitstrom

Wir haben oben die religiöse innere Seelenverfassung betrachtet im Verhältnis zu dem Zeitenstrom und wie sie sich auseinanderzusetzen hat mit Vergangenheit und Zukunft, also mit Luzifer und Ahriman. Dadurch konnten wir die beiden im Wesen so ganz verschiedenen Nuancen von Gefühlen – Frömmigkeit und Ergebenheit – präzisieren, welche die Seele empfinden oder in sich geboren werden lassen kann, wenn sie sich in das Beten vertieft.

Wie verhält sich der Geistesschüler, der sich entschlossen hat, der Realität der Zeit vom Gesichtspunkt seiner geistigen Entwicklung aus bewußt zu begegnen? Ihm erwächst daraus die Notwendigkeit, sich die folgenden Fragen zu stellen: Wie kann ich im alltäglichen Leben dem Wahrnehmen der Zeit Rechnung tragen? Wie kann ich an der Realität der Zeit und an der Tatsache, daß alles im Prozeß verläuft, erwachen? Das sollte eine Urerfahrung seiner inneren Entwicklung werden. Empfinden soll er immer bewußter: *Vergangenheit und Zukunft begegnen sich in mir in der Gegenwart.* In allen Dingen soll mein Blick die Anwesenheit der Vergangenheit und gleichzeitig die darin enthaltenen Verwandlungskräfte zur Zukunft hin zu entdecken suchen. Der Geistesschüler wird nicht mehr punktuell urteilen, von einer einzigen Erfahrung ausgehend, sondern er stellt seine Urteilskräfte in die dynamische Bewegung des Werdens. Als Ergänzung folgender Satz von Rudolf Steiner: «Gleichwie der physische Leib eine Einheit im Raume ist, so ist der Ätherleib eine Einheit in der Zeit. Was da als Verursachung zu einer Zeit auftritt, das hat seine Wirkung zu einer späteren. Solches in seinem Zusammenhange zu sehen, verlangt kein hellseherisches Schauensvermögen. Was nottut ist, daß man sein Denken so schult, daß es flüssig wird, wie die Zeit ein Flüssiges ist. Dann führt einen der Anblick eines bestimmten Phänomens im Bereich des Lebendigen zeitlich dorthin, woher es ursächlich stammt. Um ein Erüben solchen Denkens handelt es sich.»[9]

Um diese so wertvolle Fähigkeit zu entwickeln, haben wir durch die Geisteswissenschaft zahlreiche Übungen erhalten. Nehmen wir beispielsweise eine Übung aus «Wie erlangt man Erkenntnisse der höheren Welten?»[10]. Diese offensichtlich einfache, aber wichtige Übung ist die folgende: Jeden Tag spart der Schüler eine gewisse Zeit (individuell verschieden) der äußeren und inneren Ruhe aus, während der er vor seinem Auge die Ereignisse des vergangenen Tages vorüberziehen läßt. Er betrachtet sich in diesen Augenblicken wie einen Fremden. Eine zweite Übung ist eng an die erste gebunden: sich Ziele zur Verwirklichung zu stecken. Diese beiden Aufgaben der spirituellen Entwicklung ergänzen sich, wie wir sehen. Denn die Ziele, die ich mir gesteckt habe, ermöglichen mir zu sehen, in welchem Maße ich auf sie *zugeschritten* bin. Ich betrachte sie immer aufs neue und versuche dabei wahrzunehmen, wie nahe ich ihnen gekommen bin. Kurz: ich stelle mich in einen Prozeß hinein. Die Übung kann sich vor allem am Anfang auf bescheidene Ziele beziehen und später auf kompliziertere und wichtigere. Das Ausschlaggebende ist diese Haltung der Gegenwart gegenüber, die ich als in den Strom Vergangenheit–Zukunft hineingestellt empfinde und in welche ich mich bewußt als tätig Mitschaffender einfüge. Diese Erfahrung der Wirkung der Zeit auf die Realität (seien es Ereignisse oder Wesen), die ich an mir mache, die auf mich wirkt, die ich durch mich machen will, verändert grundlegend mein Urteilsvermögen, macht es geschmeidiger, denn ich fange an, mit Genauigkeit den *Faktor Zeit* einzubeziehen. Indem der Geistesschüler die Vergangenheit auswerten lernt, wird er fähig, hinter den Phänomenen eine Entwicklung zu entdecken und dadurch wahrhaft zu denken. Infolgedessen wird seine eventuelle Handlung sich auf eine reale Situation beziehen. Wir urteilen oft viel zu schnell über unvollständige Gegebenheiten, deren Vergangenheit wir nicht kennen oder die wir ablehnen, so daß wir dadurch die Dynamik des Phänomens nicht erfassen. Unser Urteil ist oft zu schneidend und von Eile getrieben. In ihrem wahren Wesen wird die Gegenwart jedoch nur verständlich durch die Vergangenheit. Das ist die Voraussetzung, *um das Neue hineinzubringen.* Ein sicheres Urteil ist ein Urteil, welches, auf der Vergangenheit fußend, *prophetisch* wird. Will man die Kräfte entdecken, die fähig sind, die Zukunft aufzunehmen, muß man die Vergangenheit durchsichtig machen. Das ist eine wirklich menschliche Anstrengung.

Wer ein durch Intuition gewonnnenes neues Element in die Wirklichkeit einführen will, untersucht, wenn er frei ist, das heißt nicht durch eine ihn überwältigende Kraft getrieben, die Faktoren dieser Wirklichkeit, bevor er es unternimmt, dieser Intuition Gestalt zu geben. Einer dieser Faktoren – und nicht der geringste – ist die Vergangenheit. *Die moralische Intuition, die uns neue Ideen oder Begriffe vermittelt, die man zu verwirklichen hat, verlangt in der freien Handlung die moralische Technik.* Etwas Neues verwirklichen wollen, ohne dieser Tatsache Rechnung zu tragen, führt notwendigerweise zu Chaos und Unglück.

Aus dicsem Grunde sind zwei Fähigkeiten wichtig, wenn man handeln will:

1. sich an alles zu erinnern, was man in der Vergangenheit erlebt hat,

2. gleichzeitig fähig zu sein, dies vollständig zu vergessen, wenn man handelt, um nicht von der Vergangenheit gelähmt zu werden.

Die Gegenwart läßt in uns die Vergangenheit und die Zukunft im Gleichgewicht schwingen: ich lebe, ich urteile und handle im Prozeß.

Der Zeitenstrom vom Gesichtspunkt der Weltentwicklung

Die Weltentwicklung bietet uns auf der höchsten Ebene eindrucksvolle Beispiele von der Notwendigkeit, im Prozeß zu handeln, wenn der Christus-Impuls sich auf eine richtige Weise durch Menschen verwirklichen soll. Während der Mensch *lernen* kann im Sinn dessen, was oben charakterisiert worden ist, zu leben, praktizieren die Hierarchien, die mit Christus verbunden sind, schon dieses Im-Prozeß-Leben.

Wir können in aller Bescheidenheit, voll Verwunderung und Ehrfurcht ein Vorbild erwähnen, welches Rudolf Steiner uns in bezug auf den Sonnengeist Michael übermittelt. Während Luzifer sich der von den Göttern gewollten Entwicklung widersetzt, indem er ablehnt, daß die Vergangenheit sich in die Zukunft verwandelt, und Ahriman die Entwicklung zu seinen Gunsten ablenken will, die Vergangenheit vernichtet, auslöscht, als ob sie nicht gewesen wäre oder nicht weiterwirken dürfte, indem er sich bemüht, so zu handeln, als ob sie nie existiert hätte, richtet Michael seinen sonnenhaften Blick auf das, was war, das Werk der Götter, und entflammt dadurch den Willen, das, was sein wird, die Zukunft, zu schaffen.

Anthroposophie lehrt uns[11], daß eine übersinnliche Schule in der geistigen Welt vom 15. bis 18. Jh. von Michael gegründet und geleitet wurde. An dieser Schule nahmen geistige Wesen und diejenigen Menschenseelen teil, die, zur michaelischen Geistigkeit gehörend, sich am Ende des neunzehnten Jahrhunderts und im 20. Jh. inkarnieren sollten. Das Ziel dieser übersinnlichen Schule war, diese Seelen auf ihre künftige Inkarnation vorzubereiten. Sie würden bewußt teilzunehmen haben an der *neuen* Michael-Ära, was zeigt, wie besonders wichtig diese künftige Inkarnation für diese Menschenseelen sein würde. Denn der Anfang einer *neuen*, durch Michael impulsierten Entwicklung der Menschheit (1879) sollte dem Ende des Kali Yuga (1899) vorausgehen. Im 20. Jh. würde ein *neues* Licht aufleuchten, welches ein ganz *neues* Verständnis des Christus bringen würde. *Neue* Mysterien sollten gegründet werden. Die alten Mysterien waren seit ungefähr 2000 Jahren verschwunden. Es war die Aufgabe Michaels, die Menschenseelen für diese *neue* geistige Situation auf Erden vorzubereiten. Das war das Ziel der übersinnlichen Michael-Schule. Welches war ihr Inhalt?

Folgende Worte Rudolf Steiners beantworten diese Frage am besten:[12] «Seitdem das Menschengeschlecht in menschlicher Gestalt die Erde bevölkert, hat es auf der Erde Mysterien gegeben: Sonnen-Mysterien, Merkur-Mysterien, Venus-Mysterien, Mars-Mysterien, Jupiter-Mysterien, Saturn-Mysterien. In diese Mysterien haben die Götter ihre Geheimnisse hineingesendet; dort sind dazu geeignete Menschen eingeweiht worden. So daß man auf der Erde wissen konnte, was auf Saturn, Jupiter, Mars und so weiter vor sich geht und wie dieses, was dort vor sich geht, in die Menschheitsentwickelung auf der Erde hineinwirkt. Eingeweihte, Initierte, die in den Mysterien mit den Göttern verkehrten, hat es immer gegeben ... Das ist – so sagte Michael zu den Seinen – bis auf wenige Traditionen hin auf der Erde verschwunden, das ist nicht mehr da.»

In dieser übersinnlichen Schule erklärt Michael den Seinen, aus welchem Grund die alten Mysterien verschwunden sind. «Und da wurde ‹durchgenommen› – wenn ich mich eines irdischen, in einem solchen Zusammenhange fast trivial klingenden Ausdrukkes bedienen darf –, da wurde durchgenommen die alte Initiationsweisheit... Auf die Art, wie im inneren Worte, das ja in vieler Beziehung zugleich hart ist, gesprochen werden kann, setzte Michael den Seinen auseinander die Weltenzusammenhänge, die kosmischen Zusammenhänge, die anthroposophischen Zusammenhänge. Diese Seelen bekamen eine Lehre, welche die Weltengeheimnisse enthüllte... Man stelle sich vor: ...Michael, seine

Scharen belehrend, ihnen mit großen gewaltigen Weltenworten das enthüllend, was die *alte* Initiatenweisheit war.»

Indem Rudolf Steiner nun in die Zukunft blickt, trägt er der esoterischen Notwendigkeit, von der oben gesprochen wurde, Rechnung. Er weist die Seelen derer, die in Arnheim zuhörten, darauf hin, wie die kosmische Intelligenz zur Erde herabgestiegen war, um Allgemeingut jedes einzelnen Menschen zu werden, und wie sie infolgedessen der Verwaltung Michaels entgleitet. Nun war diese kosmische Intelligenz in Gefahr, denn Ahriman bemühte sich durch den menschlichen Intellekt hindurch, sich ihrer zu bemächtigen.

Nachdem Rudolf Steiner also diese Michael-Schule in der geistigen Welt beschrieben und einen kurzen Abriß ihres Inhaltes gegeben hatte, was einen Blick in die Vergangenheit bedeutet, endet er den Vortrag, indem er die klaren Ziele vor die *Seelen derer stellt, die an dieser Schule teilgenommen hatten:* «Die Herzen müssen die Helfer des Michael werden in der Eroberung der vom Himmel auf die Erde gefallenen Intelligenz. Wie die alte Schlange von Michael zertreten werden mußte, so muß die zur Schlange gewordene Intelligenz von Michael *erobert werden, spiritualisiert werden.*»[13]

Klar ist die Aufgabe: Die Herzen müssen Michaels Helfer werden. Das, was sich diesem Blick in die Vergangenheit zeigte, entwickelte Rudolf Steiner einige Monate vor diesem Vortrag in Arnheim in einem langen Vortragszyklus in Dornach im Dezember 1923[14], einige Wochen vor der Weihnachtstagung. Er beschrieb bis in Einzelheiten die Inhalte der Mysterienstätten von Ephesus, Samothrake, Hibernia und Eleusis. Diese Aufmerksamkeit für das Vergangene war eine Vorbereitung für die Weihnachtstagung, welche, wie wir wissen, zu einer *Erneuerung* des Mysterienwesens führte. Wir sehen also an einem eindrucksvollen Beispiel, wie sehr Rudolf Steiner dieser esoterischen Realität Rechnung trug, d. h. keine neue Sache zu gründen, bevor man nicht einen tiefen Blick für die Vergangenheit erworben hat; kurzum: im Prozeß der Verwandlung zu leben. Wenn wir nun in

Betracht ziehen, daß die Teilnehmer an den Vorträgen über die alten Mysterien diejenigen waren, deren Seelen die übersinnliche Michael-Schule durchgemacht hatten (Angabe von Rudolf Steiner), verstehen wir, daß es sich da bei Rudolf Steiner um eine in enger Verbindung mit dem Christus-Impuls stehende Handlung handelt in dem Sinne, wie wir es oben darstellten: in der Realität der Zeit zu handeln.

Fassen wir zusammen: Rudolf Steiner wollte die *neuen* Mysterien im vollständigen Einklang mit der Erkenntnis der *neuen* Michaelischen Ära begründen. Diese *neuen* Mysterien sollten die Menschen vorbereiten, die auf der Erde in Gefahr geratene kosmische Intelligenz wieder zu erringen. Aus diesem Grunde inaugurierte er die Weihnachtstagung, an deren Anfang er den «Grundstein» den Mitgliedern anvertraute. In den vorangegangenen Wochen hatte Rudolf Steiner in völligem Einklang mit dem Zeitgeist Michael, welcher in seiner übersinnlichen Schule die Individualitäten vorbereitet hatte, in ihrer Inkarnation des 20. Jh. diese Erneuerung zu erleben – vor diesen den Inhalt der *alten* Mysterien ausgebreitet.

Der Grundstein als Lebenskeim

Durch den «Grundstein» mit seinen vier Teilen haben wir eine Meditation erhalten, welche die Kraft in sich trägt, unser inneres Leben und als Folge auch unser Leben in seiner Ganzheit zu erneuern. Es ist eines der Ziele, die wir uns in diesen Ausführungen gegeben haben, diese Meditation unter mehreren Gesichtspunkten zu betrachten, um uns so weit wie möglich heranzutasten an das, was Rudolf Steiner als den in die Herzen der Anthroposophen versenkten Liebes-Grundstein charakterisierte. Wir können auch sagen: Lebensquell, Liebesquell. Das Bestreben sollte es sein, sich dieser Quelle zu nähern, um von ihr eine Gabe zu empfangen, um aus ihr das Wasser des Lebens zu trinken.

Dieser Grundsteinspruch ist unter anderem eine Meditation, welche uns dahin führt, die verborgenen qualitativen Realitäten des Lebens, ja selbst und vor allem *des täglichen Lebens* zu empfinden. Eine dieser Realitäten haben wir das «Im-Prozeß-Leben» genannt, denn das Leben verläuft in Prozessen, in Rhythmen, Metamorphosen, Wiederholungen und so weiter. Die vorangegangenen Seiten haben das in großen Linien skizziert.

Dieser «Unterricht» über den Lebensverlauf in Prozessen kann jedoch ein theoretischer Unterricht bleiben oder aber durch die innere Aktivität «Leben» werden.

Der «Grundstein» gibt uns, wenn wir ihn regelmäßig meditieren, die Gelegenheit, uns Fähigkeiten anzueignen, die es ermöglichen, in der persönlichen Erfahrung diesen Prozessen Rechnung zu tragen. Eines der Kennzeichen des Lebens ist ja gerade, daß es «verläuft», daß es in Prozessen «dahinfließt» (Vergangenheit – Gegenwart – Zukunft), und dieses nicht zu bemerken, nicht zu empfinden, hieße, das Leben mit trockenstem Intellekt zu erleben.

Wie stellt sich das nun in der genannten Meditation dar? Indem wir sie in uns leben lassen, empfinden wir, daß sie selbst die Lebenskraft eines Prozesses oder besser, unzähliger Prozesse ausstrahlt. Sie *ist* Prozeß.

Sie enthält, so sagten wir, vier Teile. Wir können jeden dieser Teile in «vertikaler» Weise meditieren; eine subtile Aufmerksamkeit läßt uns jedoch wahrnehmen, daß man von einem zum anderen Teil «übergeht» und daß sich in diesem Übergang eine Metamorphose vollzieht, die uns Wichtiges «aussagt», die uns eine Vertiefung, eine Erhöhung bringt. So fühlen wir durch die verschiedenen «Übergänge» hindurch, daß wir «vorangehen». Rudolf Steiner hebt diese Tatsache hervor, als er, indem er den ersten Rhythmus vom Mittwoch vorstellt, unterstreicht, wie man von «erweset» zu «schenken» durch «vereinen» geht – also von dem ersten zum dritten durch den zweiten Teil schreitet – und dadurch ein Aufsteigen, eine Steigerung erlebt.

Diese Bemerkung erinnert uns übrigens daran, daß jede wahre meditative Vertiefung gebunden ist an die Entdeckung dieser Prozesse zwischen den verschiedenen Substanzen in den Worten des Mantrams. In dieser Art zu meditieren heißt, wir meditieren den «Grundstein» auf «horizontale» Weise.

Nehmen wir eine andere Übereinstimmung, eine andere Metamorphose, welche durch die vier Teile hindurchgeht und welche uns eine Hilfe im Leben sein kann, um in die Prozesse der Zeit einzutreten.

Im ersten Teil finden wir die Mahnung: «Geist-Erinnern» zu üben, im zweiten «Geist-Besinnen», im dritten «Geist-Erschauen». Schließlich im vierten Teil wird uns gesagt, daß «das Welten-Geistes-Licht in den irdischen Wesensstrom» eintritt. Hier stehen wir vor dem wesenhaften Kern des Prozesses, der den «Grundstein» durchzieht. So mit dem «Grundstein» verbunden, kann sich in uns die seelische Gewohnheit entwickeln, in der Betrachtung eines jeglichen Phänomens des Lebens, sei es grandios, wie die Erdenentwicklung, oder «banaler», wie eine Begegnung, eine Handlung, ein Ereignis, kurz, dem täglichen Leben gegenüber diese Haltung, alles als im Prozeß befindlich zu betrachten, einzunehmen. Diese Seelenhaltung ist immer gültig.

Zuerst *«Übe Geist-Erinnern»:* Bei einem jeden Ereignis sollte meine vordringlichste Aktivität sein, den sich in ihm offenbarenden, aus der Vergangenheit stammenden *geistigen Inhalt* zu suchen. Jegliches Phänomen, was es auch sei, hat auf alle Fälle einen Inhalt, der aus *der Vergangenheit stammt.* Man muß ihn herausfinden.

Dies ist der Blick in die Vergangenheit, von dem wir oben verschiedene Dimensionen gezeigt haben und der die wesentliche Richtung herausschält.

Nachdem ich den vergangenen geistigen Inhalt des Phänomens herausgeschält habe, konzentriere ich meine Seele auf ihn – ich übe also *«Übe Geist-Besinnen»,* den zweiten Aufruf des Prozesses, Besinnung auf diesen geistigen Inhalt, den ich durch das *Erinnern,* das ich *zuvor* geübt hatte, herausgefunden habe. Ich rücke in den Mittelpunkt meiner Seele das, was die Vergangenheit mir sagt, um es sonnenhaft zu begreifen, im vollen Licht des Bewußtseins.

Dieses führt mich dazu, das Phänomen, das Ereignis oder jede andere Tatsache in ihrem geistigen Aspekt zu «schauen», ich übe das *«Übe Geist-Erschauen»,* den dritten Aufruf. Ich nehme wahr, was das Phänomen wirklich ist, ich kann es «wahrhaft denken» und mit diesem wahrhaften Gedanken in den vierten Teil einmünden.

Auf dieser vierten Stufe des Prozesses erkenne ich, inwieweit das erschaute Phänomen mit dem «Welten-Geistes-Licht» verbunden ist, welches in den irdischen Zeitenstrom eingetreten war; das heißt, inwieweit es dem Weihnachtsimpuls, also dem Christus, der sich mit der Erde vereinigt hat, verbunden ist, um festzustellen, in welchem Maße es das, was die Evolution gewollt hat, indem sie das göttliche Licht in den *Strom* der Menschheitsgeschichte hereingebracht hat, verwirklicht. So daß ich *erschaue,* ob dieses Phänomen im «Einklang» mit dem fortschrittlichen Gang der Menschheit steht oder ob es im Gegenteil hemmenden Kräften anheimgefallen ist. Mein Urteil, *aus einem Prozeß geboren* und angeregt durch die Beschäftigung mit der Grundsteinmeditation, deckt sich mit der Realität. Ich schleudere kein Urteil ins Ungewisse am Beginn der Erfahrung, im ersten Kontakt mit dem genannten Phänomen, ein Urteil, das aus dunklen oder einseitigen Gefühlen entsprungen wäre.

Das So-im-Prozeß-Leben gibt mir als nächste Stufe die Möglichkeit, im Sinn der Entwicklung zu handeln als Antwort auf die existentielle Frage jeder Menschenseele: wie kann man helfen, daß die Christus-Kräfte, die sich mit der Erde, mit dem irdischen Menschenschicksal vereinigt haben, das Phänomen durchdringen, falls sie nicht schon darinnen sind (statt einfach zu sagen, das ist nicht christlich). Im gegenteiligen Fall kann man sich freuen, wenn sie anwesend sind und in Harmonie mit ihnen zu handeln (anstatt sie zu durchkreuzen, getrieben von irgendwelchen Widerstandskräften).

Dank dieses Lebens im Prozeß fühle ich mich in meinem Urteilsvermögen, in meinen Handlungen frei.

Der Grundstein ist ein «Meister» in der Erziehung der Seele, durch ihn lerne ich, dicht am Prozeß bleibend, aus der Quelle zu trinken.

Die Betrachtungen der anderen Kapitel werden veranschaulichen an Hand von konkreten Beispielen, wie solche Prozesse ablaufen. Aber wenden wir uns zuerst, als erstem Beispiel, der Weihnachtstagung zur Gründung der Allgemeinen Anthroposophischen Gesellschaft 1923 zu: Es handelt sich hier um ein überragendes Ereignis; in der Folge werden wir «einfachere» Beispiele wählen, wie zum Beispiel Begegnungen in Beziehungen zum Karma oder Verbindungen zwischen den Menschen untereinander.

Die Weihnachtstagung von 1923, in ihrem Prozeß wahrgenommen mit Hilfe des Grundsteins

Wenn man an der Weihnachtstagung von 1923 teilgenommen hat, kann man sich regelmäßig darum bemühen, sich an sie in der oben angeführten Art und Weise zu erinnern. Wenn man zu jung ist, um dies direkt zu können, weil man nicht physisch dabei war, kann das «Sich-Erinnern» darin bestehen, den Menschen, die Zeugen waren und die ihre Erinnerungen erzählen, aufmerksam zuzuhören. Oder man kann die unzähligen Berichte lesen, die von diesem Ereignis gemacht worden sind. Diese lassen sich in zwei Arten gruppieren: in diejenigen, welche im Stenogramm die Gründungsversammlungen, einschießlich der Vorträge Rudolf Steiners während der Tagung, festhielten, und in diejenigen, welche von heute verstorbenen Mitgliedern, die ihre Erinnerungen aufzeichneten, verfaßt wurden. Diese Erinnerungen zeigen immer eine gewisse Subjektivität, persönliche Elemente, aber genau das ist es, was ihren Wert ausmacht. Sie geben uns eine persönliche Sicht der Situation. Sie sind nicht weniger kostbar als die ersteren.

Die erste «Mahnung» des «Sich-Erinnerns» auf dieses große Ereignis angewendet, kann zusammengefaßt werden in dem Satz:

«Vergiß die Weihnachtstagung nicht!», ihren Ablauf, ihre Stimmung, ihre Verwandlung und das, was Rudolf Steiner darüber gesagt hat... «Erinnere dich daran!» Gewisse junge Anthroposophen erklären, daß dies alles der *Vergangenheit* angehört, der Geschichte, und indem sie sich abwenden, möchten sie vor allem «in der Gegenwart leben». Wir wissen jedoch, daß die Gegenwart nur wert hat, wenn sie ihre Substanz aus der Vergangenheit offenbart. Indem man durch «Verneinen» die Weihnachtstagung vergißt, schneidet man sich auch sogleich von dem Prozeß ab, welcher zum vierten Teil im Zusammenhang mit dem von Rudolf Steiner vollzogenen feierlichen Akt führt. «Übe, dich der Weihnachtstagung zu erinnern», das wird zu unserer Seele gesprochen, «und du wirst wahrhaft leben» im Geist der Weihnachtstagung.

Wenn wir dann, nachdem wir wahrgenommen haben, woher dieser Impuls kommt, die Erinnerung gebildet, ausgearbeitet haben, nehmen wir diese Substanz, diesen Inhalt der Erinnerung und konzentrieren, «besinnen» uns auf ihn, stellen ihn ins Zentrum unseres Bewußtseins, unserer Seele. Diese Tätigkeit am zweiten Teil des «Liebes-Steins», «Übe Geist-Besinnen», ist eine *sonnenhafte* Tätigkeit. Sie erleuchtet die Erinnerung mit all ihren Strahlen und ermöglicht uns, zum dritten Teil überzugehen.

Hier sollen wir «Geist-Erschauen» üben. Das bedeutet in unserem Fall, daß wir die Weihnachtstagung bis in ihre Wurzeln, ihren Ablauf, ihre Ziele hinein *schauen*. Dies offenbart sich dann vollständig im vierten Teil: «In der Zeiten Wende» tritt «das Welten-Geistes-Licht in den irdischen Wesensstrom...» Das ist Weihnachten, das ist die Inkarnation des Christus in Jesus, ist der menschgewordene Vater-Sohn, ist Golgatha, ist die Auferstehung. Die Weihnachtstagung offenbart ihr Wesen:

1. Die Erinnerung: Der christliche Eingeweihte, Rudolf Steiner, hat als Repräsentant des esoterischen Christentums Menschen vereinigt, welche durch seine Unterweisung auf dieses Ereignis vorbereitet worden waren, um mit ihm diesen erhabenen feierlichen Akt zu vollziehen, welchen er selbst eine «Welten-Zeitenwende» nannte.

2. Das Besinnen: Es lehrt uns, daß er bestrebt war, eine Schale zu bilden (Gesellschaft), die fähig werden würde, die geistige Substanz in die Menschheit zu tragen, welche geeignet wäre, die menschliche Zivilisation, welche im 20. Jh. und in den folgenden Jahrhunderten in großer Gefahr ist, in den Abgrund zu stürzen, zu erneuern. Das am Ende des Kali Yuga (1899) erschienene neue Licht muß wahrgenommen und bewußt auf der Erde in dieser *von Menschen mit gutem Willen* gebildeten Schale empfangen werden.

3. Dieses neue Licht, durch das «Geist-Besinnen» ergriffen, kann uns also zum sehend machenden Strahl werden, der uns das *«Geist-Erschauen»* ermöglicht. Die Frage, die sich am Anfang des Prozesses stellen kann, könnte lauten: Was ist die Weihnachtstagung? Und der Prozeß durch «Geist-Erinnern» zu «Geist-Besinnen» bis zu «Geist-Erschauen» hat uns genau zu dem Geistigen der Weihnachtstagung geführt, denn der vierte Teil antwortet:

4. «In der Zeiten Wende», hier im 20. Jh., in der «Welten Zeitenwende» ist das Welten-Licht erschienen und wartet darauf, *sich den Menschenseelen zu verbinden,* wenn sie eine Gemeinschaft, eine Schale formen. Die Weihnachtstagung wird ein wahres Pfingstereignis, nicht mehr als Keim verhüllt wie früher, sondern «offen» in der Geschichte, vollzogen von den Menschen selbst. Tatsächlich finden wir in den drei ersten Teilen das Wort «ich». Im vierten Teil erscheint dann das «Wir».

Göttliches Licht,
Christus-Sonne,
Erwärme
Unsere Herzen;
Erleuchte
Unsere Häupter;
Daß gut werde,
Was *wir*
Aus Herzen gründen,
Was *wir*
Aus Häuptern
Zielvoll führen wollen.

So führt die individuelle Arbeit an den drei ersten Teilen auf dem angegebenen Weg zu der Erfahrung der Gemeinschaft. Das ist ein gewaltiger Schritt: das, was im *anthroposophischen Sinn authentisch* verwirklicht werden wird, kann nur, von der Weihnachtstagung ausgehend, *im Sinne des neuen Lichtes, der neuen Mysterien* von einer Gemeinschaft von Menschen, die beschlossen haben, das Geistige zu pflegen, verwirklicht werden.

Um diese erste Betrachtung abzuschließen, könnte man zusammenfassend sagen: die drei ersten Teile des «Grundsteins» bereiten den vierten vor, d. h. die Realität der neuen Mysterien, die dem Christus-Impuls, so wie er im 20. Jh. erscheint, verbunden sind, zu erleben. Weihnachten erfährt eine Erneuerung, indem es zu einem Pfingstereignis wird.

II. Die drei Stufen der Meditation

Die Hilfe, die wir durch den Grundstein bei der meditativen Arbeit erhalten

Der Grundstein und der Manichäismus

Um die enge Verbindung des «Grundsteins» zu dem Manichäismus zu verstehen, müssen wir unsere Seelen dem esoterischen Ausdruck: «Sohn der Witwe» zuwenden und ihn in seiner tiefen Bedeutung zu verstehen versuchen. Diese Benennung erscheint in bestimmten Augenblicken im Leben bestimmter Meister, Begründer von neuen Religionen oder esoterischen Strömungen, als eine Bezeichnung, die ihnen entspricht. Als Beispiel können wir Manes oder Parzival wählen, der nach dem Tode seines Vaters Gachmuret, als seine Mutter also Witwe geworden war, geboren wurde.

Was ist die genaue Bedeutung dieses Ausdruckes? Ist er eine reine Feststellung einer physischen Realität?

Wie für alles wirklich Esoterische ist es auch da so, daß eine physische Situation der geistigen Wirklichkeit entspricht. Ja, Parzival war der Sohn einer Witwe, aber erschöpft das den Sinn dieses Ausdruckes? In einem Vortrag über den Manichäismus[15], den einzigen übrigens, den er ganz diesem Thema gewidmet hat, präzisiert Rudolf Steiner diesen Ausdruck. Zuerst erinnert er daran, daß die Menschheit in alten Zeiten, d. h. vor unserer großen Epoche (der Epoche, die nach der atlantischen Sintflut begonnen hat, d. V.), sozusagen von «oben nach unten» geführt wurde. Während dieser alten Zeiten waren es geistige Wesen, die sich mit den Menschen verbanden, um die Menschengemeinschaften zu den von den Göttern vorbestimmten Zielen zu führen: es sind die Manus. In unserer Epoche jedoch bereitet sich etwas vollständig Neues vor: der Manu, welcher die Menschheit in Zukunft führen wird, wird ein Mensch sein, der Menschheit selbst entsprossen. Rudolf Steiner schließt diesen Abschnitt mit den Worten: «Es geschieht das, daß diese Offenbarung, die Offenbarung von oben, die Leitung der Seele von oben sich allmählich zurückzieht und die Menschheit den eigenen Wegen überläßt, so daß sie ihr eigener Leiter wird.»[15] Nach dieser wichtigen Bemerkung präzisiert Rudolf Steiner den Ausdruck «Sohn der Witwe»: «Die Seele wurde nun in aller Esoterik (Mystik) die ‹Mutter› genannt; der Unterweiser der ‹Vater›. Vater und Mutter, Osiris und Isis, das sind die zwei in der Seele vorhandenen Mächte: der Unterweiser, derjenige, der das unmittelbar einfließende Göttliche darstellt, Osiris, ist der Vater; die Seele selbst, Isis, konzipiert, empfängt das Göttlich-Geistige, sie ist die Mutter. Während der fünften Wurzelrasse zieht sich nun der Vater zurück. Die Seele ist verwitwet, soll verwitwet sein. Die Menschheit ist auf sich selbst angewiesen. Sie muß in der eigenen Seele das Licht der Wahrheit suchen, um sich selbst zu lenken. Alles Seelische wurde von jeher mit weiblichen Sinnbildern zum Ausdruck gebracht. Deshalb wird dieses Seelische – welches heute im Keim vorhanden ist und später vollständig entwickelt sein wird –, dieses sich selbst lenkende Seelische, das den göttlichen Befruchter nicht mehr vor sich hat, das wird von dem Mani als ‹Witwe› bezeichnet. Und deshalb bezeichnete er sich selbst als den ‹Sohn der Witwe›.

Mani ist es, der diejenige Stufe der menschlichen Seelenentwikkelung vorbereitet, die das eigene seelische Geisteslicht sucht. Alles, was von ihm herrührt, war ein Berufen auf das eigene Geisteslicht der Seele und das war zugleich ein entschiedenes Aufbäumen gegen alles, was nicht aus der Seele, aus der eigenen Beobachtung der Seele kommen wollte. Schöne Worte rühren von dem Mani her und sind das Leitmotiv seiner Anhänger zu allen Zeiten gewesen. Wir hören: Ihr müßt abstreifen alles dasjenige, was äußere Offenbarung ist, die ihr auf sinnlichem Wege erhaltet! Ihr müßt abstreifen alles, was äußere Autorität euch überliefert;

dann müßt ihr reif werden, die eigene Seele anzuschauen!...»

Diese bedeutsame Stelle zeigt die unmittelbare Beziehung des «Grundsteins» zu der Strömung der Manichäer. Was sagt uns Rudolf Steiner während der Weihnachtstagung über den Anruf: «Menschenseele!» als er am 26. Dezember 1923, am dritten Tag der Tagung den ersten Rhythmus aus dem Grundsteinspruch vorstellt? Er spricht aus: «Das betrachten Sie im rhythmischen Zusammenhange mit dem, was da wird in der angerufenen, das heißt in der von sich selbst angerufenen Menschenseele ... »[16] So ist es also die Seele des Menschen selbst, die sich anruft in dem Ausspruch: «Menschenseele!» Das gibt dieser Meditation eine ganz besondere Bedeutung. Denn die Seele ruft sich selbst als der Menschheit angehörende Menschenseele auf, die verschiedenen Übungen, die wir im Grundsteinspruch finden, auszuführen. «Übe Geist-Erinnern», übe «Geist-Besinnen», übe «Geist-Erschauen». Es ist die Seele selbst, die sich zu diesen Aktivitäten auffordert, im selben Sinne, wie Manes es seinen Schülern dargestellt hat.

Dadurch fühlt sich der diesen «Grundstein» Meditierende vollständig frei gegenüber der Durchführung dieser geistigen Arbeit. Nun versteht man besser, warum Rudolf Steiner, nachdem er diese Meditation gegeben und in die Herzen der Anthroposophen gelegt hatte, nach Abschluß der Weihnachtstagung nicht mehr darauf zurückgekommen ist, nicht, um daran zu erinnern oder irgendeine andere Bemerkung darüber zu machen. Ist das nicht wirklich die manichäische Strömung?

In demselben Geiste, so möchten wir hinzufügen, ist diese Darstellung gedacht, die Darstellung von Gedanken, geboren aus der Arbeit am «Grundstein», um der Aufforderung Rudolf Steiners Rechnung zu tragen: Interessiert Euch für das, was andere Anthroposophen tun und seht, wie Anthroposophie in anderen Seelen lebt.

Einleitende Betrachtung als Grundlage für die drei Stufen der Meditation

Um die Stufen der geistigen Entwicklung zu betrachten und sie in Verbindung mit dem «Grundstein» zu bringen, haben wir den Gesichtspunkt gewählt, der in dieser Einleitung dargestellt werden soll, bevor die Beschreibung der Stufen des Entwicklungsweges durch die Meditation folgen wird, der Stufen, die zu drei höheren Graden des Bewußtseins führen: der Imagination, der Inspiration, der Intuition.

In einem kleinen Buch, 1911 geschrieben[17], welches den Inhalt von drei im selben Jahr in Kopenhagen gehaltenen Vorträgen wiedergibt, stellt Rudolf Steiner in genauer Weise dar, wie das kleine Kind drei Fähigkeiten, drei Tätigkeiten erringt, die den Menschen eindeutig von den anderen Naturreichen unterscheiden: sich Aufrichten, Sprechen und Denken. Nehmen wir diese Stelle genau im Wortlaut: «Als *erstes* lernt er die eigene Körperlichkeit im Raume orientieren. Was damit gesagt ist, beachtet der heutige Mensch eigentlich gar nicht. Es wird damit einer der wesentlichsten Unterschiede des Menschen vom Tier berührt. Das Tier ist von vornherein bestimmt, seine Gleichgewichtslage im Raume in einer gewissen Art zu entwickeln; das eine Tier ist zum Klettertier vorbestimmt, das andere zum Schwimmtier und so weiter. Das Tier ist von vornherein so organisiert, daß es sich in richtiger Weise in den Raum hineinstellt; und das ist bis hinauf zu den menschenähnlichsten Säugetieren der Fall... Der Mensch [bekommt] nicht von vornherein die volle Anlage für seine Gleichgewichtsverhältnisse mit . . . Er muß sich diese erst aus seinem Gesamtwesen herausgestalten. Es ist bedeutungsvoll, daß der Mensch an sich selbst arbeiten muß, um sich aus einem Wesen, das nicht gehen kann, zu einem solchen zu machen, das aufrecht gehen kann. Der Mensch ist es selbst, der sich seine vertikale Lage, seine Gleichgewichtslage im Raum gibt. Er bringt sich selbst in ein Verhältnis zur Schwerkraft. ...

Das *zweite,* was der Mensch *sich selber lehrt,* und zwar aus der

Wesenheit heraus, welche von Verkörperung zu Verkörperung als dieselbe weiterschreitet, *ist die Sprache.* Durch sie setzt er sich zu seinen Mitmenschen in ein Verhältnis, welches ihn zum Träger desjenigen geistigen Lebens macht, das die physische Welt zunächst von ihm aus durchdringt. ... Der Mensch muß in jener Zeit den Keim für seine Kehlkopfentwickelung formen, in der er noch nicht sein Ich-Bewußtsein hat. *Vor* der Zeit, bis zu der er sich zurückerinnert, muß er den Keim legen zur Formung seiner Kehlkopfentwickelung, so daß der Kehlkopf zum Sprachorganismus werden kann.

Und dann gibt es ein *Drittes,* von dem es weniger bekannt ist, daß es der Mensch durch sich selbst lernt, durch das, was er in seinem Innern von Verkörperung zu Verkörperung trägt. Das ist das Leben innerhalb der Gedankenwelt selbst. Die Bearbeitung des Gehirns wird aus dem Grunde vorgenommen, weil das Gehirn das Werkzeug des Denkens ist. Es ist dieses Organ im Lebensbeginne deshalb noch plastisch, weil der Mensch es selbst erst so formen soll, wie das Instrument seines Denkens im Sinne der Wesenheit sein muß, die von Leben zu Leben getragen wird.»[18]

Warum haben wir diesen Gesichtspunkt gewählt, die geistige Schulung des Menschen in Verbindung zu bringen mit den drei Aufgaben, die das Kind vor dem dritten Lebensjahr zu vollbringen hat?

Im weiteren Verlauf der Ausführungen fügt Rudolf Steiner hinzu, daß, nachdem der Mensch diese drei Aufgaben erfüllt hat, welche die gewaltigsten seines ganzen Lebens sind, der Mensch nach den ersten drei Jahren der Kindheit vergißt, was er geleistet hat. Dieses ist unabdingbar, denn die Kräfte, die da gewirkt haben, können nur während höchstens drei Jahren direkt wirken. Danach «ziehen» sie sich ins Unbewußte zurück. «Es hat der Mensch in der physischen Welt eine solche Organisation, daß er die unmittelbaren Kräfte der geistigen Welt, welche in den ersten Kindheitsjahren an ihm wirksam sind, nur so lange an sich ertragen kann, als er gleichsam kindlich weich und bildsam ist. Er würde zerbrechen, wenn jene Kräfte, die der Orientierung im

Raume, der Formung des Kehlkopfes und des Gehirns zugrunde liegen, auch im späteren Lebensalter noch in unmittelbarer Art wirksam blieben. *Diese Kräfte sind so gewaltig, daß, wenn sie später noch wirken würden, unser Organismus hinsiechen müßte unter der Heiligkeit dieser Kräfte.* Nur zu derjenigen Betätigung muß sich der Mensch an diese Kräfte wenden, welche ihn mit der übersinnlichen Welt in bewußten Zusammenhang bringt.»[19]

Der letzte Satz des Zitates hebt klar hervor, daß die Forschung nach der Verbindung mit der geistigen Welt sich direkt an diese «heiligen» Kräfte der frühen Kindheit wendet. Die energische Arbeit, welche zu höheren Bewußtseinsstufen führt, läßt den Menschen seine geistige Wesenheit wiederfinden, welche ihm hilft, geistig höher zu streben. Man muß es jedoch wollen: «Daraus aber geht uns ein Gedanke hervor, der große Bedeutung hat, wenn er richtig verstanden wird. Er ist im Neuen Testament mit den Worten ausgesprochen: ‹So ihr nicht werdet wie die Kindlein, könnt ihr nicht in die Reiche der Himmel kommen!› Denn was erscheint als das höchste Ideal für den Menschen, wenn das als richtig angenommen wird, was in dem Vorhergehenden gesagt ist? Doch wohl dieses: sich immer mehr und mehr dem zu nähern, was man ein bewußtes Verhältnis zu den Kräften nennen kann, die in den ersten Kindheitsjahren unbewußt am Menschen wirken.»[20]

Dies ist der Gesichtspunkt, den wir gewählt haben und welcher aus den letzten Sätzen des Zitates spricht: die meditative Arbeit zu verbinden mit dem bewußten Erwecken der Kräfte, die im Unbewußten des erwachsenen Menschen tief vergraben sind.

Die erste Stufe:
die innere schwierige Situation am Anfang der Meditation

Die frappierende Erfahrung, die man am Beginn der Meditation macht, sobald man anfängt, sich zu konzentrieren, sei es auf ein

Wort, einen Satz, ein Mantram, kurz, auf einen meditativen Inhalt, ist, daß sofort eine Menge von Gedanken, Worten, inneren Geräuschen auftritt, die sich in unser Bewußtsein stürzt oder im Gegenteil, es nach allen Seiten auseinanderzieht. Um diese als erstes auftretende Schwierigkeit zu charakterisieren, sei ein Bild gewählt.

Eine Wolke von Fliegen oder ein Schmetterlingsschwarm ist ein ziemlich gutes Bild für das, was den Geistesschüler zu umgeben beginnt, wenn er meditiert. Wir wissen, wie die Fliegen in der Luft herumschwirren. Beobachten wir sie genauer: wir sehen, wie sie im Zickzack in allen Richtungen, oft unerwartet einen Weg in der Luft verfolgen, sich irgendwo setzen, dann plötzlich den richtungslosen Flug wieder aufnehmen. Auch die Schmetterlinge bewegen sich ähnlich, etwas langsamer, zurückhaltender. Aber ihr flatternder Flug ist verhältnismäßig unvorhersehbar in jähen Kurven.

Bleiben wir jedoch nicht bei diesen beiden Insektenarten stehen, um das «Umherflattern» der Gedanken am Anfang des Meditierens zu charakterisieren. Die Ameisen bieten uns ein ebenso entsprechendes Bild. Von oben beobachtet, eilen sie in chaotischem Hin-und-Her, kreuzen sich, halten an, mit unbekanntem Ziel rennen sie wieder los, kehren zurück, um sich wie im stummen Gespräch zu berühren. Man hat den Eindruck bei all dieser Aktivität, daß sie «geschäftig» sind. Die Bienen und ihr Schwarm vermitteln denselben Eindruck einer lebenden Wolke.

Doch beschränken wir uns nicht auf die Insekten. Gehören nicht ebenso die Katzen dazu, auf den Dächern mit ihrer üblichen Schnelligkeit springend, laufend, miauend, spielend? Und die Hunde, sich krümmend, um ihren Schwanz zu erfassen, zappelig vor ihrem Herrn bellend? Und alle Arten von Vögeln, die Schwalben, schwebend oder über den Boden sausend, ihren Flug wie durch kühne Wendungen umbrechend, die Adler in den blauen Himmelshöhen, die Falken und Sperber, die langsam kreisen, still stehen und plötzlich auf die erspähte Beute zu Boden stürzen, die vibrierende Lerche, die zur Sonne aufsteigt, ihre

Triller in die Abendluft jauchzend, dann langsam und still herunterfliegend in die schutzgebende Ackerfurche.

Können wir nicht noch andere, mächtigere Tiere zu dieser Aufzählung dazufügen? Den brüllenden Löwen, abends in der Dämmerung auf Beutesuche; den Tiger im Sprung, zornig und gewalttätig, am Boden dahinsausend, um die Antilope zu reißen; den Elefanten, offensichtlich plump, aber doch geschickt und rasch im Lauf; das Nilpferd mit klaffendem Maul, versteckt im blaugrünen Flußwasser, glatt und schimmernd wie ein Felsen; das Krokodil mit hervorquellenden Augen.

Dann die schnellen Tiere, die springenden Gazellen, Antilopen, in der Herde zusammen oder vor Gefahr fliehend in pfeilschnellem Lauf; Känguruhs in komisch federnder Art hüpfend; ja, alle diese Tiere können uns verbildlichen, was geschieht, wenn uns unsere Gedanken entgleiten, in alle Richtungen verschwinden; sie suchen das Weite, sind zerstreut. Wir können jedoch diesen Vergleich, der zuerst überrascht, ja, schockiert, noch präzisieren, verfeinern. Alle diese geschilderten Wesen sind im Grunde genommen organisiert, um so zu handeln. Sie werden von ihrem Instinkt geführt und in harmonischer Weise in die Naturreiche eingegliedert. Was gibt es weisheitsvolleres als einen Ameisenhaufen, einen Bienenstock? Alles kommt und geht in offenbarer Unordnung, aber das ist nur Schein. Eine große Weisheit regelt ihr Handeln. Kann man dieses denn eigentlich den chaotischen, vor der Aufmerksamkeit des Meditierenden und seiner Macht in alle Richtungen gleitenden Gedanken vergleichen?

Um diese Analogie, die übrigens mehr als eine bloße Analogie ist, zu rechtfertigen, können wir folgendes hinzufügen. Auch unsere Gedanken sind gestaltet, um harmonisch abzulaufen. Sie sind ganz selbstverständlich von einer versteckten Logik, einer großen Weisheit getragen – würde dies nicht so sein, wären wir verrückt. Die Gedanken sind miteinander verbunden, sie verlaufen, ohne sich zu beeinträchtigen, ein Begriff «ruft» den anderen wie in einem wohlorganisierten Bienenvolk. Es ist das assoziative

Denken, der Gedanken-*strom,* welchen wir gut kennen und den der Ausdruck «seinen Gedanken nachhängen» gut kennzeichnet.

Aber sobald wir mit bewußtem Entschluß in diesen Prozeß eingreifen, sobald wir entscheiden, bestimmen, welche Gedanken wir denken *wollen,* kurz, wenn wir ins Zentrum unseres Bewußtseins einen mantrischen Inhalt stellen und ihn vertiefen *wollen,* wenn *wir selbst uns* entschließen zu bestimmen, worauf wir unsere Aufmerksamkeit richten, wenn wir also meditieren, d. h. wenn wir den *ohne uns* dahinfließenden Gedankenstrom anhalten, um Beherrscher des Prozesses zu werden, dann ist es so, als schlügen wir mitten in einen Ameisenhaufen, einen Bienenschwarm oder ein Wespennest; als würfen wir einen Stein in eine Antilopenherde, stießen einen Schrei gegen die auf dem elektrischen Draht wie aufgereiht sitzenden Schwalben. Die Ameisen hasteten in alle Richtungen, die Bienen würden wild und suchten den Eindringling schlimm zu stechen, die verängstigten Antilopen nähmen in großen Sprüngen Reißaus; die Schwalben flögen in raschelndem Rauschen davon.

Unsere Gedanken sind verkleidete Tiere, die wir zu zähmen lernen müssen. Daß der Löwe ruhig werde und unbeweglich auf der Erde liege; der Tiger sanft, seine Lefzen leckend; die Elefanten gehorsam, die Vögel wohlgeordnet, die Insekten beherrscht, nur den von uns bezeichneten Weg benützend.

Können wir keine Hilfe erhalten, um dies zu erreichen? Welcher innere Weg ist einzuschlagen? Welche Lösung ist zu suchen?

Wenn wir zu meditieren beginnen, stellen wir unmittelbar fest, daß wir auf dieser ersten Stufe, wo wir den meditativen Inhalt aufbauen, ihn ins Zentrum unseres Bewußtseins stellen, die Verbindungen mit der Außenwelt, der Welt der Sinneswahrnehmungen, besser, mit den Objekten der uns umgebenden Welt, «auslöschen». Diese erste Erfahrung ist schmerzvoll. Eine subtile Aufmerksamkeit läßt sie uns empfinden. Denn wollen wir ehrlich mit uns selbst sein, müssen wir erkennen, daß es die äußeren Gegenstände sind, seien es die äußerlich wahrgenommenen Gegenstände oder die Objekte der Sinneswahrnehmungen innerlich vorgestellt, die anfangs unsere Gedanken dirigieren. Diese rasch erreichbare und jedem Menschen zugängliche Selbsterkenntnis bringt uns zu dem Schluß, daß wir, wenn wir von diesen Gegenständen getrennt sind, ohne Anhaltspunkt treiben, schweben und uns zerstreuen. Ebenso ist es mit den Tieren, sie eilen nach rechts und links, angezogen von der Außenwelt, welche der wesentliche und ausschlaggebende Antrieb ihrer Reaktionen ist, und welchem sie nicht widerstehen können. Der sich zur Meditation entscheidende Mensch zerschneidet durch eine freie Willenstat die Verbindung mit der einengenden Sinneswelt. Oben haben wir gesehen, welches die innere Reaktion gegenüber dieser Entscheidung ist. Wie kann man diese Flut von Gedanken, Vorstellungen und allen Arten von Bildern durchqueren?

Beobachten wir das kleine Kind, das sich noch nicht aufgerichtet hat und noch nicht läuft. Wir sehen es während langer Monate kämpfen, die Schwerkraft zu überwinden, die aufrechte, vertikale Haltung zu erwerben und schließlich gehend sich fortzubewegen, im Gleichgewicht links-rechts, oben-unten, und nicht mehr zu rutschen, zu gleiten, zu krabbeln oder zu kriechen.

Es hat die Horizontale, die Waagerechte, die Haltung des Tiers, überwunden, um in der Aufrechten den Objekten gegenüber Abstand zu nehmen. Es betrachtet sie nun von «oben», von immer höher oben, da es wachsen wird. Es wird ihnen gegenüber «Standpunkte» einnehmen.

Das, was schmerzhaft ist an dieser Erfahrung der «tierischen» Zerstreutheit auf der ersten Stufe der Meditation, wie sie oben beschrieben wurde, ist das mehr oder weniger klare Bewußtwerden der waagerechten Haltung der Seele, sowie die «Führung», welche die Gegenstandswelt durch unsere Sinne hindurch auf uns ausübt und die uns eine «Unterstützung» gibt, verschwindet. Wir «kriechen» innerlich. Wir müssen folglich kämpfen, wenn wir vollbringen wollen, was wir als kleines Kind auf dem physischen Plan schon erreicht haben, um nun nicht mehr physisch, sondern in der Seele die aufrechte Haltung zu erringen. Wir können dies erreichen, wenn wir eine innere Kraft erzeugen, die uns von oben nach unten durchdringt und die um sich herum die Gedanken des Mantrams, des von uns gewählten meditativen Inhalts, festhält. Wir schaffen uns *selbst* die Umgebung. Als kleines Kind umgibt uns die physische Welt als unsere Umgebung, natürlich einschließlich der sozialen Welt, der Welt der anderen Menschen um uns herum. Wir haben uns aufgerichtet, wir haben hart gekämpft, weil wir die Aufrechte der *anderen* erlebten. Indem wir immer genötigt waren, den Kopf zu heben, nach oben zu schauen, um den Kontakt mit Mutter und Vater, mit jedem anderen Menschen zu haben, ist eine Kraft in uns hereingekommen, die uns dazu geführt hat, uns aufzurichten. Die Wolfskinder im Wald, weit jeder menschlichen Welt entfernt lebend, richten sich nicht auf, laufen auf vier Beinen. In ihrem Umkreis gibt es keine aufrechten, erwachsenen Menschen.

Stellen wir nun also das Mantram in unser Inneres als uns umgebende Aufrechte, eine seelische Umgebung schaffend, so wie das Kind die Erwachsenen um sich hatte, so wird diese von uns geschaffene Umgebung uns die Kraft geben, uns seelisch aufzurichten, die innere aufrechte Haltung der Seele, von oben nach unten, zu erringen.

Die wirkungsvollste Hilfe bei diesem Bestreben, dessen Schwierigkeit man nicht verheimlichen sollte, gibt uns der erste Teil des «Grundsteins». Tatsächlich fordert sich die Seele ja selbst in aller Freiheit auf – das ist ja der Sinn des Rufes: «Menschenseele» –, das *«Übe Geist-Erinnern»* zu üben. Der Mensch, durch Adam «gefallen», verlor seine Unschuld und mußte in die Materie tauchen, um die Freiheit zu erwerben. Nun wird er immer mehr, in dem Maße, wie sich sein Selbstbewußtsein entwickeln, verfeinern, verstärken wird, den Himmel, einen neuen Himmel, von Sternen übersät, den er nach und nach selbst schaffen wird, in sich wieder finden. Er muß das Göttliche *in* sich wiederfinden, denn «Gott ist tot». Er lebt *im* Menschen. «Der Mensch ist ein gefallener Gott, der sich der Himmel *erinnert.*»

Um welche Erinnerung handelt es sich hier? Oder vielmehr, um *welche* Erinnerung *muß* es sich hier handeln? Ist es die Erinnerung an das verlorene Paradies, der Wunsch, in den vergangenen Himmel *zurück*zukehren, die Unschuld Adams vor dem Sündenfall wiederzufinden? Nein, es kann sich in dieser Aufforderung «Übe Geist-Erinnern» nur um etwas ganz anderes, um etwas Neues, was der Entwicklung Rechnung trägt, handeln.

Die hier zu pflegende Erinnerung ist nicht waagerecht, horizontal, von vorne nach hinten, wie eine Rückkehr in die Vergangenheit. Die Vergangenheit wiederfinden wollen im Zurückgehen in der Zeit, würde darauf hinauslaufen, die Entwicklung auszulöschen. Die Erinnerung, die hier zu pflegen ist, ist dagegen eine «aufrechte», «vertikale» Erinnerung, ein Untertauchen in den Körper:

> Menschenseele!
> Du lebest in den Gliedern ...

Man erlebt die Verbindung der Seele mit dem Körper, wie sie sich im Laufe der Entwicklung eingestellt hat. Die Seele *ist* mit dem Leib beziehungsweise mit dem *physischen* Leib verbunden. So lautet die Anweisung, welche die Seele sich selbst gibt:

> Aus dem Göttlichen weset die Menschheit.
> [Ex deo nascimur.]

Wir sehen also, daß die Seele sich in dieser aufrechten Haltung mit dem Körper vereint oder sich der Verbindung mit ihm und dadurch ihres göttlichen Wesens bewußt wird. Diesen Ursprung nicht vergessen im Wahrnehmen dessen, was in den Gliedern als geistige Substanz lebt, im Bewußtsein behalten, daß diese geistigen Urkräfte des Körpers von Gott kommen: die Polarität dieser Vertikalität (Höhen-Tiefen) ist in die Worte konzentriert:

> Denn es waltet der Vater-Geist der Höhen
> In den Weltentiefen Sein-erzeugend...

Dank der Meditation dieses ersten Teiles des «Grundsteins» wird die Seele auf diese Weise tief die beiden Pole dieser Vertikalität, das Oben und Unten empfinden und sie als ein Gleichgewicht zwischen dem Im-Seelischen-Schweben und dem Von-der Materie-Erdrücktwerden fühlen. Die Seele wird also die Kräfte des Lebens im Einklang mit sich selbst, ohne ihr tiefes Bestimmungsziel zu verlieren, erringen:

Übe Geist-Erinnern,
In Seelentiefen …
Und du wirst *wahrhaft* leben …

So können wir im Hinblick auf alles das, was ausgeführt wurde, diese Betrachtungen folgendermaßen zusammenfassen: indem der Mensch die aufrechte Haltung im Raum auf dem physischen Plan erringt, *kämpft er darum, Mensch inmitten der Reiche der Sinneswelt zu sein;* indem er auf seelischer Ebene kämpft, um *die «Waagerechte» der inneren Passivität zu überwinden, kämpft er darum, sein göttliches Wesen wiederzufinden;* er tut dies in aller Freiheit, denn niemand kann für den andern meditieren.

Betrachten wir nun noch eine wichtige Konsequenz dieser Arbeit, dieses Kampfes um die Vertikalität, die Aufrechte *der Seele,* der Beherrschung der Gedanken, welche wir versucht haben, wie die Bändigung einer Tierkolonie zu beschreiben.

Wenden wir uns hier dem Kind zu. Nach vielen mühsamen Kämpfen während Wochen und Monaten steht es endlich aufrecht da. Es hat das Gleichgewicht zwischen oben und unten, zwischen Leichte und Schwere errungen. Mit Hilfe der Hände und Beine, des ganzen Körpers hat es sich aufgerichtet, und glücklich und strahlend, zur großen Freude seiner Umgebung, betrachtet es nun die Welt von oben, von seiner kleinen Größe aus. Das errungene Gleichgewicht ist nicht statisch: es ist dynamsich. Nun kann das Kind gehen. Eine Bewegungsdynamik nach vorne ist in Gang gekommen als Ergebnis dieses Gleichgewichtes. Es sieht sich seiner Mutter und anderen geliebten Erwachsenen gegenüber – die kleinen Kinder lieben zuerst *alle* Erwachsenen, ihre menschlichen Vorbilder in diesem Kampf. So ist es ganz *natürlich,* daß es diese Strecke, die es von dem anderen trennt, überwinden will, es versucht den Raum ein zweites Mal zu bezwingen: denn es beginnt auf den anderen zuzugehen. Die Arme ausgebreitet, mit zögernden Füßen, bewegt es sich vorwärts, wie von einer erstaunlichen Kraft ergriffen. Die ihm entgegengestreckten Arme verhüten seinen Fall. Es tut seine ersten Schritte, es geht, groß ist seine Freude über die Freiheit. Es hat sich nun physisch in die menschliche Welt gestellt und ist ganz und gar ihr Mitglied geworden.

Später wird es vielleicht versuchen, auch die aufrechte Haltung der Seele zu erringen, aber das wird es *wollen* müssen, da liegt der ganze Unterschied: die aufrechte Haltung im Physischen wird mit Hilfe der unbewußten Kräfte im Menschenwesen erworben; die Vertikalität der Seele muß durch eigene Anstrengung errungen werden. Es wird kämpfen – jetzt bewußt –, um diese Stufe zu erreichen, wie wir es gezeigt haben. Eines Tages dann wird es sich innerlich *aufrecht* halten: die Gedanken werden willentlich beruhigt, es *beherrscht* eine ganze Welt von verschiedenen, selbst gegensätzlichen Seelenkräften: Sympathie, Antipathie, Aggressivität, Zersplitterung, Zerstreutheit usw. Es bändigt eine wilde Fauna. Es hat nun auch da das Gleichgewicht gefunden.

Aber auch dieses Gleichgewicht ist nicht statisch. Derjenige, der in dieser Weise seine innere Welt bemeistert, kann beginnen zu gehen. Was bedeutet diese neue Aktivität in diesem präzisen Fall? Gehen auf seelischer Ebene heißt, sich zu seinem Nächsten hinbewegen, sich bemühen, ihn gründlich zu verstehen, ihn ganz und gar zu akzeptieren; sich freuen über die Gedanken der anderen, selbst wenn sie den eigenen widersprechen. Innerlich zu dem anderen hingehen heißt, *sich ihm zu öffnen* – sagt man nicht in einem oft benützten Bild, um diese Bemühung zum andern hin zu charakterisieren: «Wer wird die ersten Schritte tun?» Den anderen fliehen bedeutet, in der Seele in «horizontaler Haltung» zu bleiben. Sich zum anderen hinbewegen heißt, seine Gefühle zu empfinden und sie nicht zurückzuweisen. Das Kind bewegt sich physisch zu dem anderen hin, in der Seele geht man zu dem anderen, indem man ihn zu sich kommen läßt. Die erworbene innere Ruhe gibt ihm die Kraft, zu dem anderen zu «gehen», sei er selbst ein Feind. Er wird wie das kleine Kind, welches einen starken Trieb fühlt, den Abstand, welcher ihn von dem anderen trennt, überwinden.

Die wahre meditative Arbeit hat dieselbe Konsequenz: das Bedürfnis nach dem anderen, denn sie gibt uns die Möglichkeit, am anderen zu erwachen und dadurch das Göttliche wahrzunehmen. Wir erleben nun, daß der andere in sich selbst *auch* ein göttliches Wesen verbirgt.

Wir können diese Betrachtung über die erste Stufe der Meditation abschließen, indem wir unterstreichen, daß sie schließlich als Ziel das *Erwecken* des Meditierenden für die Geheimnisse der Welt hat. Denn der Mensch ist so beschaffen, daß in seinem physischen Körper, in den Sinneswahrnehmungen, die wie Golfe die Eindrücke des Umkreises aufnehmen, das Leben enthalten ist. Nicht etwa den Kontakt mit der Umwelt verlieren, sondern vielmehr ihn verfeinern, vertiefen, das ist das feststellbare Ergebnis dieser meditativen Arbeit. Sie öffnet die Augen und schließlich alle Sinne des Geistesschülers, welcher nun, im gleichen Verhältnis wie sein inneres Leben verstärkt wird, in der Welt draußen immer feinere Phänomene wahrnimmt.

In dem betrachteten Fall wird er bemerken, daß die Tierwelt in seinen Augen eine ganz neue Dimension annimmt. Er wird die Weisheit feststellen, die die Tiere führt, sowie die geheimnisvollen Kräfte, welche sie sich bewegen, springen, laufen, hüpfen, fliegen lassen. Bei den Tieren, die in Herden, im Schwarm leben, usw., wird er die unsichtbaren Fäden entdecken, die sie zusammenhalten. Sein Wahrnehmungsleben wird immer reicher werden, und er wird in bewußter Weise an allem teilnehmen.

Die Rückkehr in die Welt ist entscheidend für den Meditierenden: indem er «normal» sein tägliches Leben lebt, wird er bemerken, daß es die andere Hälfte seiner Eigenschaft als Mensch ist, die irdischen Gegebenheiten zu *schätzen* wissen und sie zu bereichern durch die Fähigkeiten seiner geisterfüllten Seele.

* * *

Eine der schönsten Früchte der Meditation, wenn man von dem Mantram ausgehend seine innere «Umgebung» schafft, ist die Veränderung, die in die Gedankenwelt eingreift – meistens, vor allem vor der «Bändigung» der Tiere, denken wir in einseitiger Weise. Wir verbinden uns mit einem Thema, einem Gedanken, einem einzigen, nehmen einen einzigen Standpunkt ein und sind bereit, ihn mit all unseren Kräften zu *verteidigen*. Wir sind geneigt, uns an diesen Gedanken, an diesen Standpunkt «festzuklammern». Immer mehr haben wir die Tendenz, unserem Gesprächspartner beweisen zu wollen, daß wir recht haben; wir wollen ihn überzeugen von der Richtigkeit, der Wahrheit, dem unerschütterlichen Charakter unserer Versicherung.

Ein erster Fortschritt – ein Resultat, das verhältnismäßig rasch unser Bestreben belohnt – ist, daß man sich darüber klar wird, daß auch die gegenteilige Aussage, der entgegengesetzte Begriff Gültigkeit hat. Sage ich zum Beispiel: «Ich bin in Gott», so ist auch die polare Aussage: «Gott ist in mir» wahr.[21] Diese erste Stufe erlaubt es uns, die Einseitigkeit unserer Urteile zu überwinden. Schließlich wird uns klar, daß das Wichtige im Grunde genommen ist, zu bemerken, daß wir einen *Gesichtspunkt* gewählt haben, von dem aus wir denken. Daß der Mensch ein physisches Wesen sei, ist richtig vom materialistischen Gesichtspunkt aus. Aber das Gegenteil ist ebenso gerechtfertigt zu sagen, er sei ein Gott, eine Seele, er sei ein dynamisches Wesen (er verändert sich), er sei eine Einheit, eine Vielheit und so weiter.

Indem wir Schritt für Schritt voranschreiten, bilden wir unsere Denkfähigkeit solcherart aus, daß sie fähig wird, bewußt zwölf Gesichtspunkte anzunehmen und zu wissen, in welchem Moment welcher Gesichtspunkt gültig ist. Das ist eine gewaltige Entdeckung: denn diese verbindet sich mit der Erkenntnis der zwölf Gesichtspunkte, unter welchen der Kosmos die Erde «betrachtet». Die zwölf Tierkreiszeichen zeigen im Bilde, wie die Sterne sich nach zwölf Urkräften «ordnen».[22]

So wird unsere Gedankenwelt ein mit Sternen besäter Himmel, der sich in unserer Seele ausbreitet wie das Himmelsgewölbe.

Die zweite Stufe

> … Und das Wort ist Fleisch geworden und hat unter uns gewohnet … Voll Gnade und Wahrheit …
> Johannes 1, 14.

Übergang

Die erste Stufe kann als diejenige charakterisiert werden, wo die energische Aktivität des Willens, indem er das Denken durchdringt, dasjenige entwickelt, was man imaginatives Denken, die Imagination nennt. Was uns jedoch hier interessiert hat, war vielmehr die Verwandlung der Seele hin zur Vertikalität als «Meditationshaltung». Man kann hier eine Angabe Rudolf Steiners anfügen, nach der sich in diesem Moment der geistigen Arbeit im Meditierenden «ein zweiter Mensch» bildet. Dieser ist es, der sich aufrichtet und die vertikale Haltung einnimmt:

«Man findet allmählich, daß man jetzt in sich, durch dieses imaginative Denken, einen zweiten Menschen erlebt, einen Menschen, der so real ist, wie sonst nur der äußere physische Raumesmensch.»[23] Eine andere Stelle präzisiert dies:

«Das andere Erlebnis besteht darin, daß man sein bisheriges Wesen nunmehr wie ein zweites neben sich haben kann … Es ist so, wie wenn man nun in voller Besonnenheit in zwei ‹Ichen› lebte. Das eine ist dasjenige, welches man bisher gekannt hat. Das andere steht wie eine *neugeborene Wesenheit über* diesem.»[24]

Nachdem dieser zweite Mensch in uns durch die energische Arbeit des Denkens und des Willens Beständigkeit angenommen hat, wie es oben beschrieben ist, können wir zur zweiten Etappe voranschreiten. Um ihre Qualität zu erfassen, müssen wir uns einem für diesen Weg unerläßlichen Begriff zuwenden: es ist der Begriff der inneren Ruhe. Wir sollen eine totale Stille in uns schaffen, indem wir mit derselben Energie, ja, noch einer größeren Energie alles auslöschen, was wir auf der erste Stufe geschaffen haben. Eine vollständige, totale Stille, die vollkommene Abwesenheit jedes Bildes, von Vorstellungen oder Gedanken, Tönen oder Erinnerungen soll sich in unserem Bewußtsein ausbreiten. Der Fachausdruck, der für diese Station auf dem Wege der geistigen Entwicklung angewendet wird, ist: das Erringen «des leeren Bewußtseins». Alle Energie, die zum Schaffen der Substanz auf der ersten Stufe angewendet wurde, verwende ich nun, um diese vollkommene Stille, dieses leere Bewußtsein, die totale *Bewegungslosigkeit* zu erreichen.

War an erster Stelle die Aktivität gewaltig, die Aktivität des Willens, welcher den Gedankenverbindungen folgte, sei es, um der Logik in ihnen bewußt zu werden, sei es, um selbst die Verbindungen zu bestimmen, um den Ablauf der Begriffe zu führen, so ist auf der zweiten Stufe der meditativen Arbeit das Herstellen der inneren Bewegungslosigkeit – verbunden mit der inneren Stille – wichtig. Es ist, als wollte man mit «allen Ohren», mit allen Poren, mit seiner ganzen spirituellen Haut «hören». Ein Vergleich wird uns ermöglichen, diese Situation besser zu verstehen. Wenden wir uns zu diesem Zweck der in der «Geheimwissenschaft im Umriß» beschriebenen Meditation über das Rosenkreuz zu. Diese besteht darin, sich eine Pflanze vorzustellen, verwurzelt in der Erde, ihr Wesen entwickelnd, indem sie Blatt nach Blatt hervorbringt, bis zur Blüte. Neben sie soll man einen Menschen stellen, im Bilde natürlich. Man stellt fest – in Gedanken –, daß sich dieser Mensch fortbewegen kann, er kann gehen und den Raum durchqueren, was die Pflanze nicht kann, sie ist wie am Boden festgenagelt. So entwickelt sich in mir der Gedanke der «Überlegenheit» des Menschen, verglichen mit der Pflanze. Der Mensch kann sich nach «Belieben» fortbewegen. An dieser Stelle können durch innere Anstrengung hervorgebrachte Gedanken eingreifen, durch die ich der Meditation eine völlig andere Richtung gebe:

«Nun aber sage man sich auch: ja, gewiß ist der Mensch vollkommener als die Pflanze; aber mir treten dafür auch an ihm Eigenschaften entgegen, welche ich an der Pflanze nicht wahrnehme und durch deren Nichtvorhandensein sie mir in gewisser Hinsicht vollkommener als der Mensch erscheinen kann. Der

Mensch ist erfüllt von Begierden und Leidenschaften; diesen folgt er bei seinem Verhalten. Ich kann bei ihm von Verirrungen durch seine Triebe und Leidenschaften sprechen. Bei der Pflanze sehe ich, wie sie den reinen Gesetzen des Wachstums folgt von Blatt zu Blatt, wie sie die Blüte leidenschaftslos dem keuschen Sonnenstrahl öffnet.»[25]

So sehen wir, daß die *Bewegungslosigkeit* der Pflanze es ihr gerade erlaubt, die Kräfte der «Peripherie» sprechen zu lassen und nicht in sich selbst zusammengezogen zu sein, was die Tendenz des Egoismus ist. Sie überwindet dadurch Begierde und Leidenschaft. Sie öffnet sich auf diese Weise den Kräften der Sonne und der Planeten, welchen sie sich in ihrem Wesen verbunden *fühlt.* Aber das Ganze erlebt sie in einem *Schlafzustand.*

Der Meditierende soll dieselbe Innerlichkeit wie die Pflanze erringen, ohne in den Schlafzustand zu verfallen, was für die Pflanze natürlich ist. Er hat sich durch seine meditative Anstrengung, durch die bewußte Bewegungslosigkeit ins Reich der Pflanzen versetzt. Er darf den Vorteil seines Höherstehens gegenüber der Pflanze, welchen er dieser Bewegungslosigkeit verdankt, nicht verlieren. Kurz, er darf nicht einschlafen.

Dann wird er mit seinem geistigen Ohr die Sphärenharmonie «hören», er wird das Weltenwort in der Bewegung der Planeten tönen «hören». Nicht mehr er «bewegt» sich, vielmehr erlaubt ihm die innere Bewegungslosigkeit, die Kräfte zu sammeln, die es ermöglichen, die Bewegungen der Sterne, welche im Kosmos die geistige Peripherie formen, die ihn umgibt, seinen «Umkreis» wahrzunehmen. Hier enthüllt sich ein Geheimnis der geistigen Entwicklung in bezug auf den Willen: denn in der physischen Welt heißt aktiv sein, seinen Willen in der physischen Welt in Bewegung bringen, das heißt gehen, unternehmen, «machen»; in der geistigen Welt aktiv sein heißt, seinen Willen total zur Ruhe bringen, nichts unternehmen. Er soll das Animalische (anima = Bewegung) überwinden, ja auslöschen.

Wie also nicht einschlafen, was eine häufige Folge des «leeren Bewußtseins» ist? Die Erfahrung zeigt es: sobald ich den «mühsam» erarbeiteten, energisch geformten meditativen Inhalt aus meinem Bewußtsein auslösche, riskiere ich, in Schlaf zu fallen. Man schläft oft ein auf dieser Stufe. Man wird Pflanze. Um das zu vermeiden, bedarf ich unbedingt einer helfenden Kraft, das ist das Interesse. Ich schlafe ja ein, weil ich mich nicht mehr für die Meditation interessiere, das Nichts in mir ausbreite und so meinem Egoismus keine Nahrung mehr gebe. Ich muß folglich den *Zustand des starken Interesses* entwickeln für das, was *kommen* kann, die Leere ausfüllen: das ist waches Erwarten.

Wenn wir die Pflanzenwelt betrachten, können wir wahrnehmend beobachten, daß ihre Wesen «schlafen». Da die Pflanzen kein waches Bewußtsein haben, können sie nur im Schlafzustand leben. Der Mensch jedoch muß sich *der Kraft des Interesses* bedienen, um wach zu bleiben auf dem Wege des pflanzenartigen Bewußtseins, des Interesses für das, was in dem Nichts beginnen wird zu leben, zu tönen.

Das, was tatsächlich geschieht, entspricht dem normalen Schlafzustand, der Mensch verläßt den physischen und den ätherischen Leib und befindet sich in der geistigen Welt, die seinen «Umkreis» bildet. Wenn er das Interesse nur für Physisches pflegt, schläft er ein. In der physischen Welt atmet er die umgebende Luft, *hier* kann ihm klar werden, daß er geistige Luft einatmet. Im Physischen wird die physische Luft von den Lungen durch die Sprache wieder ausgeatmet, wenn er spricht. In dieser neuen Situation, wo er für Geistiges erwacht ist, «hört» er das geistige Wort in sich tönen, während er die geistige Luft einatmet. Die Situation ist umgekehrt, ist ein «Atemholen», die «Inspiration», das inspirierte Bewußtsein. Das Weltenwort «spricht» in mir. Ich werde das Sprachorgan für die Götter, welche, indem sie sprechen, ihren Lufthauch in mich hineinblasen.

Wie auf der ersten Stufe der meditativen Arbeit, so schenkt uns auch hier der «Grundstein» die Kräfte, die Schwierigkeiten zum Erlangen der Inspiration anzugehen. Auf dieser Stufe ist es wichtig geworden, daß die «Gefühle» eine wesentlich größere Bedeutung bekommen als gewöhnlich. Es wird gesagt:

Menschenseele!...
Übe Geist-Besinnen...
Und du wirst *wahrhaft fühlen...*

Betrachten wir die Forderung: «Geist-Besinnen» etwas näher. Das Wort «Besinnen» wird in einer seiner Formen zu «besonnen», da hat es ein anderes Wort miteingegliedert, das Wort «Sonne». Durch die Aktivität des «Geist-Besinnens», ein Konzentrieren, schafft die Seele in sich eine Sonne, welche durch ihre eigenen Kräfte das Gleichgewicht bildet, ein *Zentrum* schafft, wie es in dem Wort *konzentrieren* ausgedrückt ist. Dank dieses Zentrums in der Seele und von der Seele wird diese sich nicht auflösen, nicht einschlafen, wenn sie in die geistige Welt eindringt.

Rudolf Steiner: «Geräuschlos und unbemerkt von der äußeren Welt vollzieht sich das Betreten des ‹Erkenntnispfades› durch den Geheimschüler... Die Verwandlung geht lediglich mit der inneren Seite der Seele vor sich, die dem äußeren Auge entzogen ist. Zunächst überstrahlt das ganze Gemütsleben des Menschen die eine Grundstimmung der Devotion gegenüber allem *wahrhaft* Ehrwürdigen. In diesem *einem* Grundgefühle findet sein ganzes Seelenleben den Mittelpunkt. Wie die *Sonne* durch ihre Strahlen alles Lebendige belebt, so belebt beim Geheimschüler die Verehrung alle Empfindungen der Seele.»[26]

Eine zweite Bemerkung bezieht sich auf ein «Ergebnis» dieser Aktivität des Besinnens, wie es folgendermaßen in dem Grundstein ausgedrückt wird:

Menschenseele!
....
Übe Geist-Besinnen
Im Seelengleichgewichte,
Wo die wogenden
Welten-Werde-Taten
Das eigne Ich
Dem Welten-Ich
Vereinen...

Meditiert man diesen zweiten Teil der Meditation, so führt sie dazu, dadurch, daß sie von dem rhythmischen «Herzens-Lungen-Schlage» getragen ist, daß sich das Menschen-Ich dem Welten-Ich «vereint». Die Gefühle, die man dank dieser Arbeit erleben wird, werden wahr sein, d. h. im Einklang mit der kosmischen Realität. Man wird sich nicht mehr im Mißklang mit der Welt des Umkreises, sei es die natürliche oder die soziale Umwelt, fühlen. Die Gefühle, die man haben wird, werden *wahr* sein.

Ein Bild kann in unserer Seele entstehen, wenn wir intensiv über diese zweite Etappe der Meditation nachdenken. Auf der einen Seite sehen wir, daß wir die Vertikalität errungen haben, die Seele hat sich geistig *aufgerichtet* – das ist die Arbeit des ersten meditativen Prozesses, der ersten Stufe, hier an zweiter Stelle verzichtet die Seele auf Bewegung, indem sie eine neue Richtung, eine neue innere Stimmung schafft, die «bewegungslose» Bewegung: Zentrum-Umkreis, die Horizontale. Das ist im «Grundstein» mit folgenden Worten ausgedrückt:

> Kyriotetes, Dynamis, Exusiai,
> Lasset vom Osten befeuern,
> Was durch den Westen sich gestaltet...

Als Bild, das sich nun in uns formt, wenn wir die beiden Elemente, Höhen–Tiefen, Osten–Westen, welche sich in dem von uns geschaffenen inneren Zentrum kreuzen, vereinen, erhebt sich in uns als das gewaltige Bild des Kreuzes:

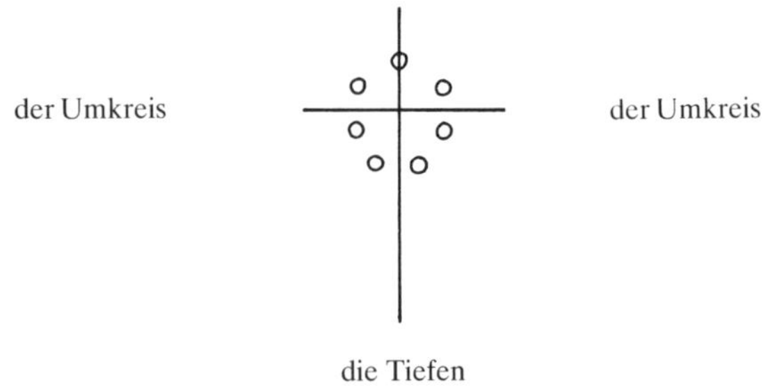

Das ist das Opfer, das in diesen Worten ausgedrückt ist:

Menschenseele! ...
In dem CHRISTUS wird Leben der Tod.
[In CHRISTO morimur.]

Da das Opfer bewußt und gewollt ist, bereiten sich die Auferstehungskräfte im Menschen vor, es sind die sieben Rosen, die an die Stelle des Leichnams, des toten Menschen am Kreuz treten werden, die sich im Bilde des Rosenkreuzes darstellen.

Es entgeht uns hierbei nicht, daß diese Verbindung: Zentrum-Umkreis getragen ist von dem lebendigen Worte: es ist dasselbe, das das Kind in der frühen Kindheit vor dem dritten Jahre durch sein höheres Ich erringt. Es ist die zweite große «Arbeit» der drei ersten Jahre. Es lernt «sprechen». Es sind diejenigen Kräfte, die seinen ganzen Körper durchdringen, um ihn zum Sprachorgan zu bilden – man spricht ja mit dem ganzen Körper –, zum menschlichen Sprachorgan, welches die Verbindung zum Umkreis erschafft. Es sind dieselben Kräfte, die der Geistesschüler mit vollem Bewußtsein ergreift «außerhalb seines Leibes», um das kosmische Wort wahrzunehmen: «Wenn wir aber nun mit den Mitteln der Geisteswissenschaft an diesen astralischen Leib des Menschen herantreten, wie er vom physischen und Ätherleib vom Einschlafen bis zum Aufwachen getrennt ist, dann finden wir, daß dieser astralische Leib wesentlich in sich die Kräfte enthält, die zusammenhängen mit dem Sprechenlernen des Menschen... Aber dasjenige, was auf den Wellen der Worte als Geistig-Seelisches aus dem menschlichen Munde herauskommt und vom menschlichen Ohre gehört wird, was da auf dem Strom der Sprache sich seelisch vermittelt, das trägt als Seelisch-Geistiges der astralische Leib hinaus in die geistige Welt, wenn der Mensch schläft. Man sieht das nur deutlicher, während das Kind oder auch der Erwachsene im Erlernen einer Sprache sich anstrengen, die Sprache sich erst aneignen.»[27]

Wir können also abschließen, indem wir sagen, daß, so wie es sich auf der ersten Stufe darum handelte, bewußt die Kräfte, die zur Vertikalität, zum Sich-Aufrichten führen, zu ergreifen, hier die geistige Entwicklung bewußt Gebrauch macht von der Aktivität, die das Erlernen der Sprache leitet. Das ist hier wie da das Wiederfinden des Kindes, das in jedem Menschen, in der Seele eines jeden Menschen geboren werden kann.

Die dritte Stufe

> Und das Menschenfleisch muß wiederum durchgeistigt werden,
> Damit es fähig werde, im Reiche des Wortes zu wohnen,
> Um zu schauen die göttlichen Geheimnisse.
> *Rudolf Steiner, Wahrspruchworte*

Die imaginative Erkenntnis, das Ergebnis der ersten Stufe der Meditation, ist eine Erkenntnis, die im wesentlichen an das Bewußtsein der Gegenwart gebunden ist. Innerhalb der Zeitwahrnehmung läßt sie mich ganz im Erlebnis der Gegenwart.

Die inspirierte Erkenntnis ermöglicht dem Meditierenden, die Erfahrung der Ungeborenheit zu haben aufgrund der Tatsache, daß die Seele «außerhalb des Leibes» sich in geistiger Umgebung, welcher sie sich verbunden fühlt, befindet. Die Seele empfindet, daß sie *vor* der Geburt gelebt hat, daß sie *ungeboren* ist, d.h. daß sie nicht *durch* die Geburt entstanden ist. Der Mensch ist vielmehr geneigt, von der Unsterblichkeit der Seele zu sprechen, einem Wunsch entsprechend, nach dem Tode noch zu leben, was egoistisch gefärbt sein kann. Das Bewußtsein der *Ungeborenheit* der Seele, also von ihrer Existenz vor der Geburt, welche durch die irdische «Bekleidung» eine Hülle erhält, dieses Bewußtsein ist eine Errungenschaft von allergrößter Wichtigkeit.

Wird die meditative Arbeit fortgesetzt, kündigt sich ein Prozeß der Vertiefung im spirituellen Leben des Geistesschülers an. Es ist das Fortschreiten zur Bewußtseinsebene der *Intuition.* Wie diese Ebene erreicht wird, welches ihre Eigenschaften und Merkmale sind und welche Verbindung sie zu den drei ersten Jahren des

Menschenlebens hat, ebenso wie die Beziehung zum Grundstein, wird der Inhalt der nun folgenden Betrachtungen sein.

Wir haben gesehen, daß die inspirierte Erkenntnis erworben wird, wenn die Seele, indem sie sich über ihren physischen und ätherischen Leib dank der Aufrichtekraft erhebt, in sich die vollständige Bewegungslosigkeit schafft. Sie entsagt jeder Bewegung, jeder Anregung, sich innerlich hierhin oder dahin fortzubewegen oder stoßen zu lassen. Das Resultat davon ist die Wahrnehmung der kosmischen Sprache, des Weltenwortes, welches in ihr ertönt. Aber nach und nach, als Folge des fortgesetzten inneren Arbeitens, kommt ein «Gefühl» zum Vorschein: diese Bewegungslosigkeit wird zunehmend eine «Versteinerung», eine Erstarrung. Die Seele empfindet diese Bewegungslosigkeit als eine unhaltbare Situation, sie fühlt sich an das Kreuz «genagelt», von dem wir oben gesprochen haben. Sich nicht mehr «regen» können, das heißt auf jegliche Seelenbewegung verzichtet zu haben, das wird eine Todeserfahrung. Denn was ist der Tod? Er ist das Eingreifen von starken Mineralisierungskräften, von starken Verhärtungskräften in den menschlichen Leib, so daß die Seele genötigt ist, ihn zu verlassen. Sie kann in diesem sklerotisierten Leib nicht mehr leben.

Daraus ergeben sich zwei Konsequenzen für die Seele: die Erfahrung der zur Erstarrung gewordenen Bewegungslosigkeit ermöglicht ihr eine intensive Erkenntnis der Mineralisierung der Welt; zweitens erlebt sie ihre eigene *Unsterblichkeit.*

Wahrnehmung der Mineralisierung der Welt

Die Alten, Plato und andere Philosophen, hatten eine Erkenntnis von dieser Mineralisierung. Sie drückten das dadurch aus, daß sie sagten, die Weltenseele ist gekreuzigt. Was heißt das?

Schauen wir uns die Naturreiche an, die Tiere, die Pflanzen, die Steine und selbstverständlich den Menschen. Wir stellen fest, daß sie alle unvermeidlich an eine Form gebunden sind, die sie in gar keinem Fall ändern können. Der Löwe ist dazu «verdammt»,

Löwe zu bleiben, und das nicht nur während seines ganzen Erdendaseins, sondern durch Generationen hindurch wird diese determinierte *Form* durch die Vererbung weitergehen. Das gilt ebenso für alle Arten von Tieren. Auch die Pflanzen unterliegen diesem ehernen Gesetz. Eine Eiche bleibt ihr ganzes Leben Eiche, dieses Leben muß Jahrhunderte, ja Jahrtausende dauern. Was die Gesteine betrifft, so ist klar, daß sie unter den verschiedenen Reichen dasjenige sind, welches am meisten erstarrt ist, vollständig den physischen Gesetzen unterliegt, welche es, so könnte man sagen, mit einem engen Netz mitleidlos umschlingen. Selbst der Mensch ist durch die Mineralisierung in einigen Teilen seines Wesens ebenso bestimmt.

Alle diese Wesen, die wir kurz aufgezählt haben, sind *irdisch* geworden, eingefügt in die Bedingungen der Entwicklungsstufe der *Erde*. Das bedeutet, daß sie von den mineralischen Kräften in bestimmten Bereichen ihrer Erscheinung im Raum durchdrungen sind. Die Strukturen, die man Naturgesetze nennt, ermöglichen ihnen keine Veränderung, auch wenn sie es noch so sehr aus innerem Drang wollten. Dieser innere Impuls ist, an das Physische «gefesselt», verdammt zur erzwungenen Bewegungslosigkeit in der erstarrten Form. Diese Situation hat sich erst nach und nach auf der Erde eingestellt, denn in den lange Zeit zurückliegenden Epochen war in einem gewissen Maß die Veränderung der Form durch seelische Willensimpulse noch möglich.

So sehen wir auch, wie im Leben Jesu der Christus, indem er sich immer mehr mit dem menschlichen Leib verbindet, im Laufe der 3 Jahre langsam, schrittweise seine kosmische Größe verliert, um über die Zwischenstufe der Inspiration (während der Transfiguration) bei der erstarrten Bewegungslosigkeit der Kreuzigung anzukommen. Nach der Transfiguration (Verklärung) steht dann die Entscheidung, bewußt zum Tode hinzugehen, um sich ganz und gar den Erstarrungskräften zu verbinden, sich vollständig den Kräften der Erde zu vereinen.

Diese Wahrnehmung oder, besser, diese Erfahrung der Mineralisierung der Naturreiche, der Kreuzigung der Weltenseele, gefesselt an das Mineral, infolge der Verhärtung der eigenen Seele durch die totale Bewegungslosigkeit, läßt in dem Meditierenden eine neue Kraft geboren werden, die ihm erlauben wird, diese Situation zu überwinden und dann voranzuschreiten auf dem Wege seiner Entwicklung. Welche Kraft ist es?

Die Liebe als Kraft der Intuition

Die ungeheure Not, die der Geistesschüler bei der intimen Wahrnehmung der Mineralisierung der Welt empfindet, der absoluten Unmöglichkeit der Wesen, sich aus diesen einengenden, in ihrer Entwicklung angehaltenen Formen zu befreien, läßt ihm, der selbst in seiner eigenen Bewegungslosigkeit gefesselt ist, eine neue Kraft entstehen, die Kraft, so nah wie möglich, bis in die geheimsten Fasern, alle anderen Wesen kennenlernen zu wollen und sie so befreien zu können: dieses ist die strömende Liebe.

Der Geistesschüler empfindet, was der Christus empfunden hat, als er sich dem Tode näherte, ungeheuren Schmerz und den Impuls, sich zutiefst mit der Erde zu verbinden, die Erde zu seinem Leib zu machen. Die ruhige, intime, erkenntnismäßig durchdrungene Betrachtung des Gekreuzigten führt uns zu solchem Erlebnis.

So wie die Inspiration uns zu der Erfahrung der Ungeborenheit der Seele führt, so ist die Intuition die Erkenntnis aller Faktoren des Todes und der Sieg darüber. Um mich mit einem anderen Wesen zu vereinen, muß ich selbst sterben, in es *hinein* sterben und in ihm wiedergeboren werden. Die Bewußtseinsebene der Intuition ist unbestritten *die Liebe.* Das Ich des Geistesschülers wird fähig, sich allen Wesen, seien es Wesen der physischen Welt oder Geistwesen, zu vereinen. Durch die Liebe werde ich fähig zu diesem Akte, *mich ganz zu vergessen,* indem ich vollbewußt bleibe – dieses haben wir schon auf der vorhergehenden Stufe gelernt –, damit ich im anderen sterben und auferstehen kann. Das Mysterium der Auferstehung wird mir Erfahrung.

Wenn wir dem Christus auf seinem Weg, in seinen Schritten zur

Erlösung der Welt folgen, sehen wir tatsächlich, wie bei der Kreuzigung, welche er wie die totale Bewegungslosigkeit erlebt hat, an das Kreuz genagelt wird die Weltenseele an die mineralisierte Erde, wie in diesem Moment seine Lippen die erhabenen, an seinen Vater gerichteten Worte hervorbringen – Worte der Liebe: «Vater, vergib ihnen, denn sie *wissen* nicht, was sie tun.» Danach wird der physische Leib ins Grab gelegt, er verbindet sich mit der Erde, die der Leib Christi wird, und die neu belebte Seele verläßt das Grab. Welches Ereignis danach zeigt die Vollendung dieses Weges? Wir erfahren, daß an Pfingsten der Heilige Geist in die vereinten Jünger einzieht und sich jeder Seele der Apostel vereint, indem er Flammen ihren Häuptern aufsetzt. Sie erhalten damit die Aufgabe, den Christus-Impuls in der Welt zu verbreiten, die «frohe Botschaft», um es so auszudrücken, zu verbreiten, daß die Mineralisierung der Erde enden wird, da das Leben aufs neue dem erstarrten physischen Leib der Erde eingepflanzt wurde.

Die Intuition und die Verwandlung des «Hauptes»

Um dieses wichtige Kapitel der spirituellen Entwicklung, das Erlangen der Intuition anzugehen, lassen wir hier eine Übung, die Rudolf Steiner in dem schon zitierten Vortrag[28] beschreibt, folgen:

«Hat man aber dasjenige kennenzulernen, was nach dem Tode liegt, dann müssen die Übungen zur Entwickelung menschlicher . . . Erkenntniskräfte weiter fortgesetzt werden. Das geschieht dadurch, daß man nun nach der anderen Seite hin das Gedankenhafte in den Willen hineinträgt, wie man vorher den Willen in den Konzentrationsübungen in die Gedanken hineingetragen hat.»

Wir sehen hier, daß das, was zur Intuition führt, zur Erkenntnis der Todeskräfte und dessen, was nach dem Tode folgt, das «Hinunterbringen» des Gedankenhaften in den Willen ist, das Gegenteil dessen, was zur Imagination und zum lebendigen Denken führt, wo die Übung darin bestand, den Willen in das Denken heraufzuheben.

«Ich will nun schlicht wiederum schildern, wie es einem gelingen wird, die Gedankenkraft in den Willen allmählich hineinzutragen, wie ich das bei den Konzentrationsübungen gesagt habe.»

Nehmen wir ein einfaches Beispiel. Rudolf Steiner führt aus, wie sich in der bekannten Übung der Rückschau diese Durchdringung vollzieht. Wenn ich den Tageslauf rückwärts im Bild vorstelle, wenn ich mich bemühe, am Abend beginnend und zurückgehend bis zu den ersten Erfahrungen des Tages, den Lauf der Ereignisse zurückzuverfolgen, überwinde ich so die natürliche Passivität des Denkens, welches sich normalerweise damit zufrieden gibt, den Ereignissen, die sich ihm darstellen, zu «folgen», wodurch wir eine schwache Willenskraft ausbilden. «Einen stärkeren Willen bilden wir aus dadurch, daß wir entgegengesetzt gehen, daß wir losreißen das Denken von der Folge des äußeren Naturverlaufs durch ein von rückwärts nach vorne Gehen. Wir üben unseren Willen dadurch, daß wir die Ereignisse von rückwärts nach vorne empfinden. Ebenso kann man eine Melodie von rückwärts nach vorne denken, ein Drama kann man vor sich vorübergleiten lassen vom fünften bis zum ersten Akt, von rückwärts nach vorne. Darauf kommt es an, daß wir uns durch starken Willen losreißen von der äußeren Aufeinanderfolge der Ereignisse. Dadurch verstärken wir den Willen und entwickeln in uns die Kraft, das Denken in den Willen hineinzutreiben, wie wir bei Konzentrations- und Meditationsübungen den Willen in das Denken hineingetrieben haben...»[28]

Eine andere Übung lehrt uns, uns von äußeren Bindungen zu befreien. Sie besteht darin, durch eine bewußte Willensanstrengung sich eine Eigenschaft, eine Gewohnheit, von der man beschlossen hat, sie seinem Charakter einzufügen, anzueignen. Rudolf Steiner beschließt diese Ausführungen mit Folgendem: «Und noch manch andere Willensübungen gibt es, wodurch wir im gleichen Maße von anderer Seite in die übersinnliche Welt hineinkommen.» Man muß hier verstehen: die andere Seite ist der Tod. Will man diesen wichtigen Abschnitt, welcher uns bedeutende Erkenntnisse über die Intuition vermittelt, zusammenfassen, kann man es tun, indem man sagt, daß das Hinunterbringen des Denkens in die Willenskräfte bewirkt, das Licht in die Finsternis des Willens zu bringen. Tatsächlich entgeht ein Willensakt ja unserem Bewußtsein. Ich kann mir eine Handlung vorstellen, aber wie sie sich vollzieht, das entzieht sich unserem Bewußtsein, so wie es sich im täglichen Leben zeigt. Im Grunde genommen «schlafen» wir in unserem Willen. Wir sind also blind in bezug auf die Verbindung unserer Seele mit dem physischen Leib. Diese Verbindung der Seele mit dem physischen Leib bleibt undurchsichtig. An dieser Stelle finden wir den entscheidenden Satz: «... aber wenn wir dazu gelangen würden, natürlich nicht physisch, aber seelisch, den Körper durchsichtig zu machen, würden wir wirklich dazu gelangen, aus den Gedanken hineinströmen zu schauen in den physischen Organismus die Willensimpulse. Wir würden dazu gelangen, die Willensimpulse zu durchschauen, weil unser physischer Organismus durchsichtig wäre...»

An diesem Punkt der geistigen Entwicklung angekommen, nimmt der Geistesschüler, wenn er fortfährt, sein Denken im Willen zu verstärken, den Augenblick des Todes wahr, den Augenblick, wo der physische Leib der Erde überlassen wird und er die Schwelle des Todes mit seinem Seelen-Geist überschreitet. Nun wird er sich nicht damit zufrieden geben, nur einen Blick auf das Geistige zu werfen, es nur einfach zu betrachten, sondern er wird sich ihm in lebendiger Weise verbinden. Auf diese Weise führt die geistige Entwicklung auf dieser Stufe zur Erkenntnis der Unsterblichkeit, zur wahren intuitiven Erkenntnis, zur Intuition. «Wir wissen, indem wir uns diese Stufe erwerben, durch das Imaginative und Inspirierte hindurch, daß wir dem Weltenall als ewiges Geisteswesen angehören, daß wir schauen das Geistige des Weltenalls mit der ewig geistigen Seele in uns selber. Dazu steigt die Initiationswissenschaft auf, auch wenn sie sich ganz anpaßt dem modernen Bewußtsein, wie sie in alten Zeiten aufgestiegen ist tief atavistisch träumend, heute aber vollbewußt, vom Vergänglichen zum Ewigen.»[28]

Wenn wir uns nun dem Leben des Christus-Jesus zuwenden, können wir seine Entwicklung auf der Erde verfolgen und wahrnehmen, wie sich ihr Ablauf so vollzog, daß die Sonnenkräfte, die Weltgedanken, das Sonnenwesen dazu geführt wurden, sich immer mehr mit dem Menschen Jesus zu verbinden, bis «hinunter» in die dunklen menschlichen Willensbereiche, um dann, durch den Tod hindurchgehend, sich den dunklen Willenskräften der ganzen Erde zu verbinden. Hierdurch vollzieht sich die vollständige Verwandlung des Hauptes: bei der Taufe sahen wir, wie die Taube den Schädel von oben mit ihrem Schnabel berührte. Das ist das Zeichen, daß die Entwicklung dieses Prozesses zur Intuition hin mit dem «Kopf» beginnt. Dann werden die kosmischen Gedanken nach und nach in den Willen hineingeführt und geben die Möglichkeit zur Auferstehung.

Der Grundstein und die Intuition

Menschenseele!
Du lebest im ruhenden Haupte...

Wir wissen nun schon, daß die meditative Arbeit mit dem «Grundstein» im Prozeß zu üben ist. Hier erhalten wir, wie für die anderen Teile, den Ruf, die Verbindung der Menschenseele mit dem Haupte zu erkennen. Das ist der Ausgangspunkt der Entwicklung zur Intuition. Der Prozeß verläuft tatsächlich in dieser Weise:

Menschenseele!
Du lebest im ruhenden Haupte,
Das dir aus Ewigkeitsgründen
Die Weltgedanken erschließet...

Wir müssen wissen, daß in der okkulten Sprache der Begriff «Haupt» alles umschließt, was zum Nerven-System oder Nerven-Sinnes-System gehört, insbesondere das Gehirn. Das ist nicht ohne tiefe Bedeutung. Mit anderen Worten, es wird zur Seele gesagt, daß in diesem Haupt, mit welchem sie verbunden ist, die

Weltgedanken leben und daß sie diese in sich bewußtmachen kann, wenn sie den Prozeß weiter verfolgt:

Menschenseele!
....
Übe Geist-Erschauen
In Gedanken-Ruhe...

Hier wird von der Seele das gefordert, was wir oben durch die Worte Rudolf Steiners aus dem Vortragszitat schon kennengelernt haben: «... wenn wir dazu gelangen würden, natürlich nicht physisch, aber seelisch, den Körper durchsichtig zu machen, würden wir wirklich dazu gelangen, aus den Gedanken hineinströmen zu schauen in den physischen Organismus die Willensimpulse.»[28]

Wir nähmen also die «Absichten der Götter» wahr. Wir sind nun ganz und gar eindeutig im Bereich des Willens, denn die Absichten, die Ziele sind ja unbedingt auf die Zukunft gerichtet:

Menschenseele!
....
Übe Geist-Erschauen
In Gedanken-Ruhe,
Wo die ew'gen Götterziele
Welten-Wesens-Licht
Dem eignen Ich
Zu freiem Wollen
Schenken ...

Durch meine Denktätigkeit, die den Willen durchdringt, habe ich das «Geist-Erschauen» errungen, welches mir ermöglicht, «in Gedanken-Ruhe» bewußt das «Welten-Wesens-Licht» zu empfangen. Dieses Licht macht meinen Willen frei:

Menschenseele! ...
Wo die ew'gen Götterziele
Welten-Wesens-Licht

Dem eignen Ich
Zu freiem Wollen
Schenken ...

Durch das Meditieren dieses Teiles geht man den Weg zur Intuition; indem ich das «Welten-Wesens-Licht» empfange, bin ich im Einklang, bin ich *eins* mit den Zielen der Evolution, mit den göttlichen Absichten. Mein Wollen wird frei durch wahrhaftes Denken:

Und du wirst wahrhaft denken ...

Nach dem Durchgang durch den Tod, durch die Finsternis des Wollens, erlebt der Meditierende eine neue Geburt, indem er sich den Weltgedanken vereint und durch die Erfahrung der Auferstehung im Geiste hindurchgeht, so wie es in diesem Teil des «Grundsteins» angegeben ist:

Menschenseele! ...
In des Geistes Weltgedanken erwachet die Seele.
[Per spiritum sanctum reviviscimus.]

Zum Abschluß möchten wir gerne an die Verbindung, die wir gefunden haben zwischen dem Impuls zu einer geistigen Entwicklung und den drei großen Entwicklungsschritten, welche der Mensch in seiner frühen Kindheit durchmacht, erinnern. Der folgende Abschnitt wird deutlich die Verbindung der dritten Stufe der geistigen Entwicklung mit der Ausbildung des Denkens durch das höhere Ich des Kindes zeigen:

«... Und dann gibt es ein Drittes, von dem es weniger bekannt ist, daß es der Mensch durch sich selbst lernt, durch das, was er in seinem Innern von Verkörperung zu Verkörperung trägt. Das ist das Leben innerhalb der Gedankenwelt selber. Die Bearbeitung des Gehirns wird aus dem Grunde vorgenommen, weil das Gehirn das Werkzeug des Denkens ist. Es ist dieses Organ im Lebensbeginne deshalb noch plastisch, weil der Mensch es selbst erst so formen soll, wie das Instrument seines Denkens im Sinne der Wesenheit sein muß, die von Leben zu Leben getragen wird. So wie das Gehirn unmittelbar nach der Geburt ist, so mußte es werden gemäß den Kräften, die von Eltern, Voreltern und so weiter vererbt sind. Der Mensch aber muß in seinem Denken zum Ausdruck bringen, was er als Eigenwesen ist, gemäß seinen früheren Erdenleben. Deshalb muß er sich die Eigentümlichkeiten seines Gehirns, die er ererbt hat, dann umformen, wenn er – nach der Geburt – physisch unabhängig von Eltern, Voreltern und so weiter geworden ist.»[29]

III. Drei Aspekte des Grundsteins

Die Verwandlung der menschlichen Wesensglieder durch die Arbeit an der Grundsteinmeditation

Drei Strömungen von Kräften stellen der bewußten Entwicklung der menschlichen Individualität Hindernisse entgegen:

das Vergessen,
der Schlaf,
der Tod.

Diese Kräfte, deren positive Seite nicht gleichgültig sein darf, da sie durchaus eine Funktion haben, üben auf die Menschenwesenheit eine Wirkung aus, die, wenn sie einseitig bleibt, ihre Entwicklung lähmt. Schauen wir sie näher an, selbst wenn im Grunde genommen die bloße Erwähnung ihrer Namen schon Bekanntes erweckt.

Um sie genau in ihrer Wirkung einzukreisen, ist es in diesem Zusammenhang angebracht, sie einerseits in ein Verhältnis zur Ganzheit der Wesensglieder des Menschen zu bringen und andererseits zu zeigen, in welcher Art sie auf diese wirken. Erinnern wir uns zunächst der Wesensglieder des Menschen, beschrieben in dem Buch «Theosophie» von Rudolf Steiner[30]:

das ICH, Träger der ewigen Individualität,
der Astralleib, Träger des Bewußtseins,
der Ätherleib, Träger der Lebenskräfte,
der physische Leib, Träger der Einheit, der Form.

Diese vier Elemente des Menschenwesens haben ein klares, genau beschriebenes, gegeneinander abgegrenztes Verhältnis zueinander. Sowie dieses Verhältnis, dieses Gleichgewicht untereinander gestört wird, aus welchem Grund auch immer, treten gerade diese Zustände ein, von denen wir sprechen: Vergessen, Schlaf, Tod.

Wir können uns leicht diese Strömung durch ein Schema verdeutlichen, welches eine von unten nach oben wirkende Kräfteströmung zeigt:

↑ ICH
Astralleib
Ätherleib
Physischer Leib

1. Die Kräfte des physischen Leibes überwiegen: Sie wirken stärker als die Kräfte des Ätherleibes

In dem angeführten Schema werden die physischen Kräfte als Träger der Einheit, welche durch die menschliche Form entsteht, hingestellt. Man muß aber präzisieren, daß dies nur ein Aspekt ist, der *vervollständigt werden muß,* indem man hinzufügt, daß diese Form während des Lebens «bestehen», unverändert bleibt, weil das Physische im Zusammenhang steht mit der Mineralisierung der Erde. Dieses «Mineral», an die Entwicklung der Erde gebunden, das heißt an die vierte Periode der Erdentwicklung, wirkt in der Weise, daß es den Menschen «einschließt» in die strengen Gesetze der physischen Welt.

Wir sehen diese mineralischen Gesetze in zunehmendem Maße im Laufe des Lebens wirken. Beim Kind und beim Jugendlichen überwiegen zunächst noch die Kräfte des Lebendigen, aber wir wissen, wie sie nach und nach beginnen, den Lebenskräfteleib mit ihren unvermeidlichen Klauen zu umfassen. Die zunehmende Mineralisierung des Physischen, welche gegen das Ende des Lebens zu einer vollständigen Dominierung über das Lebendige, Ätherische führt, ruft den Tod hervor. Wir können zusammenfassend sagen:

Wenn das Physische über das Ätherische dominiert, tritt der Tod ein.

2. *Die Kräfte des Ätherleibes überwiegen:*
   Sie wirken stärker als der Astralleib

Der Ätherleib, welcher der Träger der Lebenskräfte ist, ist dasjenige Element, was in seinem Kampf gegen das Physische die charakteristischen Lebensprozesse entfaltet: Fortpflanzung, Wachstum, Stoffwechsel usw... Diese Prozesse haben einen gewissen Bezug zum Astralleib. Dieser muß – da es seine Rolle ist, das *Bewußtsein* dem Menschenwesen einzugliedern –, um diesen Bewußtseinszustand zu erhalten, die Lebenskräfte in gewissen Grenzen halten. Das Bewußtsein kann nur da sein, wenn die Aktivität des Astralleibes die Lebenskräfte sozusagen «in Schach hält». Das Bewußtsein höhlt die Lebenskräfte von innen aus. Wenn dagegen die von unten kommende Strömung eine zu große Kraft bekommt, wenn die Lebenskräfte des Ätherleibes den Astralleib «überwältigen», dann schwindet das Bewußtsein, das ausgelöscht wird: der Mensch schläft ein. Eine gute Mahlzeit vergrößert die Auswirkung der Verdauungsprozesse, der Stoffwechsel «fordert», daß das Bewußtsein zurückgedrängt wird, um den Lebenskräften Platz zu machen. Der Schlaf hat in diesem Fall seine Quelle in dem gestörten Gleichgewicht zwischen Ätherleib und Astralleib.

Fassen wir diese Tatsache ebenso in einigen Worten zusammen: *Wenn die Kräfte des Ätherleibes über den Astralleib dominieren, fällt der Mensch in Schlaf.*

3. *Die Kräfte des Astralleibes überwiegen:*
   Sie sind stärker als das Ich

Um den Zustand genau zu verstehen, der eintritt, wenn die von unten kommende Strömung das Gleichgewicht, das zwischen Astralleib und Ich bestehen muß, zerstört, müssen einige Eigenschaften des Astralleibes, wie sie uns die Anthroposophie darstellt, beleuchtet werden.

Während man durch die geistige Arbeit im allgemeinen, im besonderen aber durch die Meditation den Astralleib verstärkt, offenbart er in voller Kraft seine Haupteigenschaft. Dies ist der *Egoismus.* Rudolf Steiner beschreibt diese Tatsache in dem Vortragszyklus in Den Haag 1913 «Welche Bedeutung hat die okkulte Entwickelung des Menschen für seine Hüllen und das Selbst»[31]:

«Der astralische Leib ist dadurch zu charakterisieren, daß er ein Egoist ist. Die Folge davon ist, daß jede Entwickelung, die den Astralleib frei macht, damit rechnen muß, daß sich die Interessen des Menschen erweitern, immer weiter und weiter werden.»

Diese Eigenschaft gehört zum Wesen des Astralleibes, denn es ist der Astralleib, welcher das Ich in den Menschen hineinbringt, welcher den Menschen auf sich selbst *zentrieren* muß. Er ist aus Strahlen, die dem Mittelpunkt zustreben, geformt. Folglich ist es normal, daß der Astralleib sich *ausschließlich für sich selbst interessiert.* Hätte der Mensch nur einen Astralleib, er würde sich nur für sich selbst interessieren und überhaupt nicht für die ihn umgebende Welt oder nur, um sie sich anzueignen, sie sich einzugliedern. Daher der Rat Rudolf Steiners, die Interessen des Astralleibes auf die ganze Welt zu erweitern, um diese Tendenz auszugleichen, welche sich während der geistigen Entwicklung immer mehr verstärken würde.

«Ja, wenn unser astralischer Leib sich in der richtigen Weise loslösen soll von den übrigen Gliedern der Menschennatur, dann muß das Interesse unseres Astralleibes über die ganze Erde und Erdenmenschheit gehen. Es müssen in der Tat die Interessen der Menschheit auf der Erde unsere Interessen werden; es muß aufhören das Interesse, irgendwie an Persönliches nur anzuknüpfen; es muß alles, was den Menschen betrifft, nicht nur in unserer Zeit, sondern was den Menschen jemals in der ganzen Erdenentwickelung betroffen hat, unser tiefstes Interesse erregen...»

Wenn wir dieses Ungleichgewicht in uns entstehen lassen, welches wäre dann die Konsequenz? Wir «vergessen», weil das fehlende Interesse für eine Sache das Gedächtnis schwächt, eine wohl bekannte psychologische Tatsache. Umgekehrt, je größer das Interesse ist, um so treuer ist das Gedächtnis, umso besser wird die Erinnerung uns erhalten bleiben. Interesse entwickeln für etwas, ist eine Tätigkeit des Ich im Astralleib. Also:

Wenn der Astralleib über das Ich dominiert, überfällt den Menschen das Vergessen.

So können wir das oben skizzierte Schema durch die neugewonnenen Erkenntnisse ergänzen:

↑ Ich
  Vergessen
Astralleib
  Schlaf
Ätherleib
  Tod
Physischer Leib

4. Der Ich-Impuls und die Verwandlung der Strömung von unten nach oben

Die beschriebene Situation, charakterisiert durch die Strömung der Kräfte, die von unten kommen, kann nur beherrscht werden, wenn der Mensch beschließt, durch die Aktivität seines Ich eine entgegengesetzte Strömung – vom Ich ausgehend – zu den unteren Wesensgliedern hinfließen zu lassen, in dem Schema von oben nach unten:

Ich
Astralleib
Ätherleib
Physischer Leib ↓

a) Das Ich beherrscht den Astralleib, indem es ihn läutert

Die meditative Arbeit, welche immer eine vom Ich bewußt eingeleitete Tätigkeit ist, schafft eine Kräfteströmung, welche den Astralleib im Menschen beherrscht. Diese Arbeit geht vom Ich aus, sie kann unter gesunden Umständen nur vom Ich ausgehen, denn es ist der *Entschluß* des Geistesschülers Voraussetzung für die Übung der Meditation, niemand anderes kann sie an seiner Stelle tun. Dies gibt der Meditation ihren wahren Wert, ihren wesentlichen Charakter, es ist ohne jeden Zweifel der wirkliche Augenblick der Freiheit.

Im «Grundstein» haben wir den am unmittelbarsten mit dem Impuls zur Beherrschung des Astralleibes durch das Ich verbundenen Inhalt erhalten. Denn der zu meditierende Inhalt selbst *spricht aus,* in welcher Richtung zu üben ist. Tatsächlich finden wir im ersten Teil die Aufforderung:

Übe Geist-Erinnern

Das Üben des Geist-Erinnerns führt uns mitten hinein in den Gedanken, der diesen ersten Teil abschließt:

Aus dem Göttlichen weset die Menschheit...
Ex deo nascimur

Nichts besiegt besser und vollständiger den Egoismus, als diese Realität in ihrer vollsten Wahrheit zu erleben: meine menschliche Wesenheit wurzelt im Göttlichen, im Geistigen. Gewöhnlich, dem Hauptcharakter des Egoismus entsprechend, möchte der Mensch nur von sich allein abhängen, sich nur auf sich selbst stützen: er verwirft die Tatsache, daß er seine Menschenwesenheit von der Mutter, der Familie, dem Volk, der Rasse und schließlich, zu den Ursprüngen, zu den Quellen zurückgehend, von Gott erhalten hat. Das ist im vorletzten Kapitel des Buches «Wie erlangt man Erkenntnisse der höheren Welten?» klar ausgedrückt:

«Der Mensch gehört einer Familie, einem Volke, einer Rasse an; sein Wirken in dieser Welt hängt von seiner Zugehörigkeit zu einer solchen Gesamtheit ab.» Oder noch deutlicher:

«Ja, in einem gewissen Sinne sind die einzelnen Menschen nur die ausführenden Organe dieser Familienseelen, Rassengeister und so weiter. In voller Wahrheit kann man davon sprechen, daß sich zum Beispiel eine Volksseele des einzelnen zu ihrem Volke gehörigen Menschen bedient, um gewisse Arbeiten auszuführen.»[32] Zu dem göttlichen Ursprung kann man den Passus finden:

«In eine Vergangenheit schaut er [der Geistesschüler], in welcher diese sinnliche Welt noch nicht war. Denn über das Vorurteil, daß die übersinnliche Welt sich aus der sinnlichen entwickelt habe, ist er längst hinweg. Er weiß, daß das Übersinnliche zuerst war und daß sich alles Sinnliche aus diesem entwickelt habe. Er sieht, daß er selbst, *bevor* er zum ersten Male in diese sinnliche Welt gekommen ist, einer übersinnlichen angehört hat.»[33]

Die Übung des «Geist-Erinnerns» besteht darin, sich zu sagen:

Das eigne Ich
Im Gottes-Ich
Erweset

Dies ist eine Erinnerung, die man in sich pflegen soll und welche den Astralleib «vergrößern» wird. Diese Worte, regelmäßig meditiert, lassen den Astralleib vibrieren vor Interesse für das Geistige, dessen Wirklichkeit er beginnt wahrzunehmen. Sein Interesse für die Welt und er selbst verwandeln sich: er wächst, da die Welt über das Physische hinausgeht. So kann er, indem er sich weitet, seinen Egoismus überwinden:

Entscheidung
| Das eigne Ich
| Geist-Erinnern
↓ Astralleib

b) Der Astralleib beherrscht den Ätherleib

Hat der Astralleib einmal begonnen, sich mit nicht-egoistischen Interessen zu erfüllen, so daß er zu vibrieren beginnt, aus seiner «Enge» befreit durch das «Geist-Erinnern», wird ein zweites Bemühen vom Geistesschüler gefordert, um die Strömung von oben deutlicher hervortreten und sich intensivieren zu lassen, indem sie nach und nach die verschiedenen Wesensglieder verwandelt.

Auch hier zeigt der Grundstein dem eigenen Ich den zu folgenden Weg:

Übe Geist-Besinnen

Hier muß der Astralleib sein Wesen behaupten, welches, wie wir sahen, zentripetal, zum eigenen Zentrum gerichtet, zum eigenen Mittelpunkt zentriert ist, aber die Gefahr des Egoismus ist weniger stark, da durch die schon durchgeführte Arbeit die astralischen Kräfte von Geist erfüllt sind; der Kern, das gebildete Zentrum ist geistig, voller Interesse für anderes und nicht wie vorher egoistisch, nur sich selbst im engeren Sinn zugewandt.

Denn in dem sich Konzentrieren, sich Besinnen, überwindet der Astralleib seinerseits dasjenige, was den Schlaf hervorruft, wenn die ätherischen Kräfte ihn überwältigen. Diese Lebenskräfte tauchen das Wesen in Schlaf, weil sie das Bewußtsein «auflösen» oder vielmehr, es so weit erweitern, daß es schwindet, ohnmächtig wird: man schläft ein. Das Wohlbehagen, das uns durch diese wuchernde Vitalität in eine Atmosphäre von Wärme und Leben taucht, verdunkelt unser Bewußtsein zugunsten des Lebens. Die Konzentration des Astralleibes auf dieser zweiten Stufe verhindert diese «Ausbreitung» der ätherischen Kräfte zur Peripherie. Der Denkinhalt der Meditation, der durch den Astralleib bewußt dem Ätherleib eingegliedert wird, macht diesen «lichtvoll». Er fängt wieder an zu leuchten mit all seinem Licht wie eine Sonne; denn der Ätherleib des Menschen wurde ja auf der Sonnenstufe der Erdenentwicklung gebildet. So verbindet man sich durch diese Arbeit den Sonnenkräften:

In dem Christus wird Leben der Tod…
In Christo morimur

Das Ziel des zweiten Teiles des Grundsteins ist die Vereinigung mit dem durch Christus überwundenen und von Ihm zu neuem Leben erweckten Tod. Wenn man die Lebenskräfte bewußt mit einem geistigen Inhalt durchdringt, sei es ein Zusammenhang von Begriffen oder ein Bild, aufgebaut in der Arbeit der Konzentration, dann führt man die Lebenskräfte durch eine Art Tod hindurch. Die Aktivität des Bewußtseins ist immer eine an die Todeskräfte gebundene Aktivität. Stütze ich mich aber hierbei auf den Grundstein, so erfülle ich mich mit einem christlichen Inhalt, welcher mir erlaubt, das zu erleben, was R. Steiner so beschreibt: in Christus sterben, heißt genaugenommen nicht sterben. Es heißt, bewußt durch den Tod gehen, ohne ihm zu unterliegen. Dies wird von Angelus Silesius in dem kleinen Spruch ausgedrückt:

Ich sterb' und leb' auch nicht:
Gott selber stirbt in mir:
Und was ich leben soll,
lebt er auch für und für.[34]

Rudolf Steiner fügt hinzu, indem er diese Worte des deutschen Mystikers erläutert:

«Hinblicken auf den Tod, Anschauung des Todes – und wissen: ‹nicht ich sterbe, sondern der Gott stirbt in mir›, das heißt nichts anderes als wissen, daß der Mensch lebendig durch die Todespforte geht. Denn wenn er weiß, daß der Gott in ihm lebt, dann weiß er auch, daß der Tod dann für die Erkenntnis überwunden ist; denn wissen, daß der Gott in mir stirbt, heißt wissen, daß ich nicht sterbe; denn der Gott stirbt nicht.»[34]

Derselbe Mystiker sagt auch:[35]

Du selbst mußt Sonne sein.

Ich selbst muß Sonne sein, ich muß mit meinen Strahlen das farbenlose Meer der ganzen Gottheit malen.

Fügen wir nun diese Stufe dem schon angeführten Schema zu:

Entscheidung

↓ Ich
Geist-Erinnern
Astralleib
Geist-Besinnen
Ätherleib

c) Der Ätherleib überwiegt und beherrscht den physischen Leib

Wenn wir die Arbeit durch die Energie unseres Ich genügend verstärken, dann können wir den Strom, welcher den Astralleib durch das «Geist-Erinnern», den Ätherleib durch das «Geist-Besinnen» durchströmte, intensivieren. All diese Arbeit, die mit Hilfe des Grundsteins durchgeführt wurde, hat uns dazu geführt, ein vollständig objektives Verhältnis zu unserem physischen Leib zu finden. Die Todeskräfte kennengelernt zu haben, das «Stirb und Werde» erlebt zu haben, das erlaubt uns, dem Netz zu entgehen, das die Gesamtheit der physischen Gesetze geknüpft hat und das, das Ätherische umschließend, langsam zur Mineralisierung, zur Erstarrung hinführt. Dieses Netz wird durchlässig, und wieder ist es der Grundstein, der uns weiterführt:

Übe Geist-Erschauen

Weiter oben sagten wir schon, das Physische entsteht aus dem Geiste, der physische Leib des Menschen ist im Grunde eine Konzentration von Geistkräften, die sich im Laufe der Entwicklung verhärtet haben. Das aus dem Buch «Wie erlangt man Erkenntnisse der höheren Welten?» zitierte Kapitel sagt es klar: Materie ist verdichteter Geist. Dies kann uns Erfahrung werden. Auf dieser dritten Stufe nehmen wir die *Weltgedanken* wahr, wir schauen sie; es sind dieselben, die das Instrument unserer Entwicklung geschaffen haben, den Tempel, der uns anvertraut ist als physischer Leib: Wir «sehen» diese Gedanken am Werke, wir erwachen an ihnen mit Hilfe der Gedanken, die wir durch unsere Meditation des dritten Teiles des «Grundsteins» pflegen. So werden wir dazu geführt zu empfinden oder je nachdem bewußt zu erleben:

In des Geistes Weltgedanken erwachet die Seele…
Per spiritum sanctum reviviscimus

Der Tempel des physischen Leibes wird «geschautes Bild», das ist das neue Jerusalem, der Tempel, von dem der Dichter Novalis sagte: «Es gibt nur *einen* Tempel in der Welt, und das ist der menschliche Körper. Nichts ist heiliger als diese hohe Gestalt.»[36] Vervollständigen wir das Schema mit der dritten Verwandlung:

Entscheidung

↓ Ich
    Geist-Erinnern
Astralleib
    Geist-Besinnen
Ätherleib
    Geist-Erschauen
Physischer Leib

d) Der vierte Teil des Grundsteins

Die Grundsteinmeditation besteht aus vier Teilen. Wie verhält sich nun dieser letzte Teil zu den drei vom Ich vollzogenen Verwandlungen der drei Wesensglieder des Menschen?

Der vierte Teil vermittelt uns eine entscheidende Erkenntnis, welche uns lehrt, daß der Sonnengeist Christus sich mit der Erde verbunden hat:

In der Zeiten Wende
Trat das Welten-Geistes-Licht
In den irdischen Wesensstrom ...
Göttliches Licht,
Christus-Sonne ...

Dies ist Ur-Weihnachten, dies ist das Mysterium von Golgatha, dies ist die Auferstehung. Das eigene Ich ist durch die Arbeit an den drei ersten Teilen geeignet, fähig, würdig geworden, durch das Schauen seines eigenen geistigen physischen Leibes zu der Erfahrung durchzudringen, daß *die Erde* der Leib Christi und Er dadurch *das ICH* der Menschheit geworden ist. So kann man das Schema vervollständigen:

Grundstein

	Entscheidung		Übungen
1. Teil	↓	Das eigne *Ich*	
			Geist-Erinnern
2. Teil		Astralleib	
			Geist-Besinnen
3. Teil		Ätherleib	
			Geist-Erschauen
4. Teil		Physischer Leib	
			Christus-Sonne
		Die Erde ist der Leib des Christus	
	↓	*Ich* der Menschheit	

Rudolf Steiner: «Wir sind erst im Anfange derjenigen Entwikkelung, welche die christliche Entwickelung ist. Die Zukunft dieser Entwickelung besteht darinnen, daß wir in der ganzen Erde sehen den Körper des Christus.»[37]

Der Grundstein als Schutz für die Karma-Forschung

Um die Bedeutung eines zweiten Aspektes, den Grundstein zu betrachten, ermessen zu können, müssen wir uns der Übung der karmischen Forschung zuwenden, welche sich im Vortrag vom 9. Mai 1924[38] im zweiten Band der «Esoterischen Betrachtungen karmischer Zusammenhänge» befindet. R. Steiner führt eine Übung an, welche rasch zu einer Wahrnehmung karmischer Kräfte führen kann, d. h. zu karmischen Zusammenhängen zwischen Ereignissen der Gegenwart und denjenigen einer weit zurückliegenden Vergangenheit, einer früheren Inkarnation.

Die Übung umfaßt drei Tage. Zuerst – der Anfang des Prozesses ist das Entscheidende, was zu dieser karmischen Schau führen wird – vergegenwärtigt man sich mit der größtmöglichen Genauigkeit eine erlebte Situation. Es ist besser, zum Beispiel ein sehr naheliegendes Ereignis desselben Tages zu wählen, damit das Bild ganz rund werden kann: denn es handelt sich hier darum, die erlebte Situation «wieder zu sehen» in einem alle Einzelheiten enthaltenden *Erinnerungs*bild. Wenn es sich um eine Begegnung handelt, vergegenwärtige man sich den Menschen, den man getroffen hat, sein physisches Aussehen, seine Gesten, sein Verhalten, seine Kleidung sowie die Umgebung, in der sich die «Szene» abgespielt hat. Das alles soll mit feinsten Nuancen plastisch ausgemalt werden. Es ist die erste Stufe der Übung; sie muß ganz besonders sorgfältig durchgeführt werden, denn von dieser Sorgfalt wird es abhängen, ob das so geformte Bild nach Ablauf von drei Tagen und drei Nächten den Prozeß der Verwandlung richtig durchlaufen haben wird. Dadurch wird ein Strom von Kräften in Gang gebracht, die zur karmischen Schau führen werden.

Während der drei folgenden Tage und Nächte wird das Bild des Ereignisses «bearbeitet» werden von den verschiedenen Wesensgliedern, vom Astralleib, vom Ätherleib und vom physischen Leib des Menschen, der das Ereignis erlebt hat und die Übung macht.

Beim Erwachen nach der dritten Nacht, am Morgen des *vierten* Tages, schaut man wie im Traum – wenn die Übung geglückt ist – ein Bild, das der Schau des Menschen die karmische Verbindung mit dem Erinnerungsbild des Anfangs offenbart: ich schaue in diesem Augenblick die «Szene» in einem früheren Leben, die der Ursprung, die *Ursache* des Ereignisses in meinem jetzigen Leben ist.

In einem zusammenfassenden Schema zeigt Rudolf Steiner den Prozeß folgendermaßen:

Erster Tag Erste Nacht	1. Der schlafende Astralleib gestaltet außer dem physischen und dem Ätherleib das Bild des Erlebnisses. Der äußere Äther bildet die eigene Substanz dem Bilde ein.

Zweiter Tag Zweite Nacht	2. Vom Astralleib wird das Bild dem Ätherleib des Menschen eingeprägt. Und der Ätherleib arbeitet in der nächsten Nacht das Bild aus.
Dritter Tag Dritte Nacht	3. Vom Ätherleib wird das Bild dem physischen Leib des Menschen eingeprägt. Und der physische Leib arbeitet in der nächsten Nacht das Bild aus.

Beim Erwachen am vierten Tage schaut man ein Bild, das im karmischen Zusammenhang mit dem am ersten Tage geformten Bild steht. Selbst wenn Rudolf Steiner die Beschreibung dieser Übung mit einer Ermutigung begleitet, indem er sagt, daß sie ziemlich rasch zu einer Erfahrung der karmischen Kräfte führt, fügt er dennoch hinzu, daß, da alles relativ ist, die Ausführung der Übung eine ziemlich große Anstrengung erfordere. Nicht nach 10- oder 20mal, sondern nach 50- bis 70mal üben könne man das Glück haben, ein «gewisses Ergebnis» zu erreichen. Der Prozeß der Umwandlung des Bildes wird ständig unterbrochen. Die Unterbrechung wird, wie wir uns denken können, von einem Wesen hervorgerufen, welches um jeden Preis versucht, den Menschen daran zu hindern, Zugang zu einer Karma-Erkenntnis durch Erfahrung zu gewinnen. Wer ist dieses Wesen?

Es gibt eine geistige Wesenheit, die bestrebt ist, die Menschheit von ihrem Ziel abzubringen, welche diese nach ihren eigenen Absichten lenken möchte. Eine der angewendeten Listen ist es, die Menschheit von ihrer Vergangenheit oder noch genauer, jeden Menschen von seinen karmischen Verbindungen mit seiner individuellen Vergangenheit abzuschneiden. So entfaltet sie alle Kraft, um die Seele zu lähmen, die durch diese Übung versucht, die Mauer der Geburt zu durchbrechen, und sich früheren Leben zuwenden will. Diese Wesenheit ist Ahriman.

Man versteht nun, warum R. Steiner im Laufe dieses angeführten Vortrags darauf aufmerksam macht, daß das Gelingen von der Entfaltung eines gewissen Mutes und einer unbestechlichen Beharrlichkeit abhängt.

Die Kämpfe dieser Konfrontation mit den Gegenkräften, die die Fortschritte des Menschen auf diesem wichtigen Gebiet der Karma-Forschung lähmen wollen, führen uns dazu, uns nach einer Hilfe umzusehen, derer wir bedürfen, um aus diesem Kampf siegreich hervorzugehen. Gibt es etwas, was uns Schutz geben könnte? Nach der Weihnachtstagung von 1923 beginnt R. Steiner in einer großen Anzahl von Vorträgen die Darstellung von karmischen Verbindungen zwischen den Lebensläufen von aus der Kunst oder der Geschichte bekannten Persönlichkeiten, wie «Illustrationen» der karmischen Gesetze, die er den Mitgliedern erklärt. Von diesem Moment an, d. h. im Jahr 1924, das auf die Weihnachtstagung und die «Grundsteinlegung» in die Herzen der Mitglieder der Anthroposophischen Gesellschaft folgte, war es ihm möglich, über dieses höchst esoterische Gebiet sehr frei zu sprechen. So seine eigenen Worte. Ita Wegman, seine enge Mitarbeiterin und Mitglied des neuen Vorstandes, drückt es folgendermaßen aus:

«Nach der ‹Weihnachtstagung› wurden die Karmagesetze geoffenbart. Es war nicht möglich, so eingehend über Karma und seine Gesetze zu sprechen *vor* der Weihnachtstagung ... Die Enthüllung der Karma-Geheimnisse ist immer dem starken Widerstand der ahrimanischen Mächte ausgesetzt, sie wollen Karma verhüllen. Diese Widerstände müssen überwunden werden, sollte die Anthroposophische Gesellschaft nicht von den Jugendkräften, von den Michael-Impulsen losgelöst werden.»[39]

So kann man sich fragen: was ermöglicht uns, diese ahrimanischen Mächte zu überwinden, die uns bei der karmischen Forschung entgegentreten in der Angst, dieses Gebiet persönlich in Angriff zu nehmen, indem man jede Art von «Vorwand» findet, um sich von dieser esoterischen Aktivität freizuhalten oder sie zu vernachlässigen?

Im Verlauf der Weihnachtstagung wurde den Mitgliedern, wie wir wissen, die Grundsteinmeditation anvertraut, daß sie sie pflegen wie einen Keim, der zum Fruchten gebracht werden soll. Die Ausstrahlung dieses Keimes ist so, daß sie der der geistigen

Arbeit, zum Beispiel der karmischen Forschung gewidmeten Arbeit Schutz gibt.

«Wenn Karma verstanden wird mit Herzens- und mit Hauptes-kräften, wenn ohne Emotion, ohne Frivolität, in tiefem Ernst die wiederholten Erdenleben aufgenommen und verstanden werden, dann werden auch die letzten Anti-Michael-Dämonen besiegt werden können, und es wird die Michael-Zeit mit dem kommenden Christus-Ereignis ihren Fortgang finden.»[39]

Bevor wir nun den Grundstein im Verhältnis zur Karmafrage betrachten, wollen wir uns einer wichtigen Tatsache erinnern, die mit der Erscheinung Christi in der ätherischen Welt verbunden ist. Diese wird eine Umwandlung der *Erinnerungskräfte* mit sich bringen. Das Sich-Verbinden mit diesem neuen Impuls der Christuswesenheit wird den Menschen, welche es suchen, das Erleben einer Vertiefung der Erinnerungskräfte ermöglichen; so sprechen es die folgenden Worte aus:

Im Urbeginne ist die Erinnerung,
Und die Erinnerung lebt weiter,
Und göttlich ist die Erinnerung.
Und die Erinnerung ist Leben,
Und dieses Leben ist das Ich des Menschen,
Das im Menschen selber strömt.
Nicht er allein, der Christus in ihm.
Wenn er sich an das göttliche Leben erinnert,
Ist in seiner Erinnerung der Christus,
Und als strahlendes Erinnerungsleben
Wird der Christus leuchten
In jede unmittelbar gegenwärtige Finsternis.

Wie wir sehen, ist dieser Spruch eine Metamorphose des Anfangs des Johannesevangeliums. In dem Vortrag, wo R. Steiner ihn anführt[40], weist er darauf hin, daß das *neue* Opfer des Christus und sein Erscheinen in der Ätherwelt den Menschen die Kraft schenkt, welche ihnen hilft, die Erinnerung zu «retten».

«Unser Erinnerungsvermögen kann nur dann sich richtig entwickeln, wenn der Christus-Impuls richtig geschaut wird. Dann wird Geschichte wie eine lebendige Erinnerung so leben, daß in die Erinnerung das Verständnis für die wahren Geschehnisse dringt. Dann wird die menschliche Erinnerung den Mittelpunkt des Weltgeschehens verstehen. Dann macht sich für den Menschen das Schauen geltend. Die gewöhnliche Erinnerung, die auf *ein* Leben sich nur richtet, die wird sich ausdehnen auf die vorhergehenden Inkarnationen.»[41]

Diese Sätze bereiten uns vor, einen Aspekt des Grundsteins zu entwickeln, den wir in Verbindung bringen wollen mit der Karma-Forschung oder genauer, mit der oben beschriebenen Übung.

Die Grundsteinmeditation umfaßt vier Teile. Die drei ersten richten sich an die Menschenseele, ihr eine Übung beschreibend:

1. Übung: Übe Geist-Erinnern.

Um welche Erinnerung kann es sich handeln? Die Antwort findet sich in der Meditation selbst, da der erste Teil, in dem diese Übung ausgesprochen ist, mit den Worten endet:

> *Ex deo nascimur*
> Aus dem Göttlichen weset die Menschheit.

Es handelt sich darum, sich des göttlichen Ursprungs des Menschen zu erinnern und diese Erinnerung immer wieder aufs neue durch die Übung in sich zu verlebendigen. Der Geistesschüler weiß nun, daß das Übersinnliche der Ursprung der Entwicklung ist, daß alles Sinnliche vom Geistigen abstammt. Er sieht, daß auch er selbst dem Übersinnlichen angehörte, bevor er zur Erde herabstieg.

Vergleichen wir nun diesen ersten Teil mit der Karmaübung. Wir sehen, daß die erste Stufe dabei das Sich-Erinnern ist, das Sich-Erinnern einer Situation aus dem *persönlichen* täglichen Leben, die man sich im Bilde vorstellen soll als Ausgangspunkt des Prozesses, welcher sich durch die Schau der karmischen Verbindungen abschließen wird.

Grundstein: Erinnere dich des Ursprungs des Menschen.

Karmaübung: Erinnere dich einer alltäglichen Handlung oder Situation.

In den beiden Übungen geht es um die Aktivität der Erinnerung.

Gehen wir nun weiter zum zweiten Teil des Grundsteins und zum zweiten Tag der Karmaübung.

Grundstein: Übe Geist-Besinnen.

Karmaübung: Das Bild wird dem Ätherleib des Menschen «eingeprägt».

In beiden Fällen haben wir eine Konzentration, eine Verdichtung der Erinnerung, im Grundstein eine Konzentration des Geistigen, geboren aus der im ersten Teil entfalteten Aktivität, in der Karmaübung eine Konzentration, verarbeitet durch den Ätherleib des schlafenden Menschen, die dann am zweiten Tag, im Wachzustand, in den tiefen Kräften des Ätherleibes weiterarbeitet. Folgen wir dieser zweifachen Arbeit. Der dritte Teil des Grundsteins spricht aus:

Grundstein: Übe Geist-Erschauen.

Karmaübung: Durch den Ätherleib des Menschen wird das Bild dem physischen Leib eingegliedert.

In beiden Fällen, wieder vergleichbar, ist die Seele aufgerufen, etwas zu betrachten. Das, was sie zu betrachten hat, zeigt sich dem Schauen auf der vierten Stufe. Was die Karmaübung betrifft, so schaut man das in den physischen Leib eingegliederte Bild, das eine Metamorphose durchgemacht hat und «zurückführt» in die Vergangenheit. Dieses neue Bild «erklärt» diese Vergangenheit.

Im vierten Teil des Grundsteins wird der Seele die vierte Stufe gezeigt, welche sie dazu führt, *die Inkarnation* des Welten-Geistes-Lichtes im «irdischen Wesensstrom» zu schauen:

In der Zeiten Wende
Trat das Welten-Geistes-Licht
In den irdischen Wesensstrom…

Im ersten Teil hatte sich der Meditierende der geistigen Menschheitsgeschichte erinnert und ist zurückgegangen bis zum Sündenfall, wo die Verbindung mit der Materie geschaffen wurde; im vierten Teil dagegen entfaltet sich vor seinem meditativen

Blick die Inkarnation der Sonnenkräfte in die Materie. Die Tat des Christus, welcher den Ausgleich zu diesem Sündenfall geschaffen hat, indem er sich einem menschlichen Leib verband, wird Erfahrung. Er hat *das Karma der Menschheit* auf sich genommen, er trägt die Sünde der Welt, er nimmt die karmischen Folgen des Falles in die Materie auf sich.

In der Karmaübung «schaut» der Geistesschüler im Bilde den Ausgangspunkt, der die karmische Folge hervorgerufen hat. Am Morgen des vierten Tages schaut er ein Bild, welches das Erinnerungsbild, das er sich am ersten Tag gebildet hat, «erklärt». Er muß folglich bereit sein, aus Liebe zu diesem Karmagesetz diese Folgen zu tragen – und sie aus Freiheit zu verwandeln.

Zusammenfassend kann man sagen, indem man den «Grundstein» meditiert, hat man Zugang zu einer exakten Schau des *kosmischen Karma* der Menschheit, wo das Heruntersteigen der Menschen in die Materie ausgeglichen wird durch das Opfer des Christus. Man sieht, daß dieser wirklich das Zentrum der Erdenentwicklung ist. Diese Schau wird uns folglich die Kräfte geben, die Folgen unseres eigenen Karma tragen zu *wollen,* indem wir uns dem Christus-Impuls verbinden.

Grundstein: kosmische Welt-Karmaübung.

Karmaübung: persönliche mikrokosmische Karmaübung.

So wird die zitierte Stelle verständlich: «Unser Erinnerungsvermögen kann nur dann sich richtig entwickeln, wenn der Christus-Impuls richtig geschaut wird... Dann wird die menschliche Erinnerung den Mittelpunkt des Weltgeschehens verstehen. Dann macht sich für den Menschen *das Schauen*[42] geltend.»[43]

Die Arbeit am Grundstein, welche dem meditativen Bewußtsein die Verbindung des Christus-Jesus mit dem Karma der Menschheit überzeugend klar macht, wird die innere Aktivität, die entfaltet wird, um den Schleier des persönlichen Karma zu durchdringen, schützen. Dadurch, daß die Karma-Forschungen auf eine objektive Basis gestellt werden, werden sie den ahrimanischen Versuchungen entgehen, indem sie von der Grundsteinmeditation *eine Schutzhülle empfangen.*

In seinem Buch über den Grundstein[44] zeigt Zeylmans van Emmichoven uns, wie Rudolf Steiner «die Umwandlung des Steins der Weisen in den Liebes-Stein verwirklicht hat». Dann folgert er: «So ist diese Grundsteinmeditation eine fortwährende Übung, in uns auf geistig-meditativem Wege die reinen Liebeskräfte in unserer dreigliedrigen Organisation zu erzeugen.»[45]

In diesem Satz entdecken wir vier Feststellungen, welche das Wesentliche der Frage berühren, die man sich stellt, wenn man den Ausdruck betrachtet, mit welchem R. Steiner diese Meditation bezeichnete: den Liebes-Stein.

Diese vier Feststellungen sind:

- die Grundstein-Meditation ist eine Übung;
- wir streben an, geboren werden zu lassen;
- die reinen Liebeskräfte;
- in unserer dreigliedrigen Organisation.

Nehmen wir sie nacheinander. Es ist klar, der «Grundstein» ist eine Übung, jede Meditation erfordert regelmäßiges, beharrlich fortgesetztes Bemühen. Dieses ist der Sinn des Wortes *Übung* und die Hauptbedingung der meditativen Wirklichkeit. In «Die Schwelle der geistigen Welt» charakterisiert R. Steiner im ersten Kapitel die Meditation in derselben Weise, wenn er sagt: «Es handelt sich nicht allein um das Erkennen dessen, was in einem solchen Gedanken liegt, sondern um das *Erleben.* Erkannt ist er, wenn er *einmal* mit genügender Überzeugungskraft in der Seele gegenwärtig war; soll er Früchte zeitigen für das Verständnis der geistigen Welt, ihrer Wesenheiten und Tatsachen, so muß er, nachdem er verstanden ist, in der Seele immer wieder belebt werden.»[46] Die Folgerungen, die wir aus diesen Zeilen ziehen können, sind, daß der Grundstein nicht «gegeben» wurde, sondern unserer Bemühung anvertraut, und daß wir ihn durch die Übung in unserer Seele beleben sollen. Wir sind aufgerufen, aus freiem Entschluß die in uns lauernde natürliche Passivität zu überwinden. Die notwendigerweise eintretende Folge davon ist, daß die regelmäßige meditative Übung die reinen Liebeskräfte in mir «geboren werden läßt». Wir nehmen durch einen solchen Satz wahr, welche Verantwortung wir haben, welche, wie wir noch sehen werden, engstens mit der Entwicklung der Menschheit und der Erde verbunden ist.

Die reinen Liebeskräfte werden dann, dank der meditativen Arbeit, in *unserem* dreigliedrigen Organismus geboren werden: im physischen Leib, im Ätherleib, im Astralleib.

Die dreifache Organisation des Menschenwesens und die Mission der Erde

In diesem Zusammenhang stellt sich nun die Aufgabe zu entdecken, wie wir diese Liebeskräfte, von denen Zeylmans sagt, sie seien in unserer dreifachen Organisation vorhanden, in uns konkret «gebären» können. Wenden wir uns dieser Dreiheit der menschlichen Organisation zu und betrachten wir sie unter einem Gesichtspunkt, der uns helfen wird zu verstehen, wie diese Arbeit ausgeführt werden kann.

Das erste Glied, der physische Leib, ist eine menschliche Wesenheit, die vor sehr langen Zeiten, während der Saturnverkörperung der Erde von den Thronen, den Geistern des Willens, gebildet wurde.[47] Wir sind da vor den wesentlichen Charakter des physischen Leibes gestellt: er ist entstanden aus der Substanz der Throne. Die wichtige Folge dieser Tatsache ist: «Die Geister, die auf dem Saturn hauptsächlich gewirkt haben, die Geister des Willens oder Throne, hatten die Mission, das Element einzuweben, das später, während der Erdenentwickelung in dem Willen sich offenbart. Das ist die große Saturnmission: den Willen einzuimpfen, die Willenskräfte einzupflanzen.»[48]

Der physische Leib, der andererseits durch die Verwandlungen auf der «alten Sonne» und dem «alten Mond» bis zur Erde selbst durchgegangen ist, besteht aus konzentrierten Willenskräften.

«Was sich daher heute kundgibt als Wille, ist zurückzuführen auf die Nachwirkung des Saturnelementes.»[49] Das, was wir von innen als Wille, als Willensimpuls empfinden oder erleben, das ist dasselbe, von außen gesehen, wie der physische Leib. *Der Wille ist also der physische Leib, durch das Bewußtsein von innen wahrgenommen.*

Nachdem wir nun die Auszüge dieses Vortrages bezüglich Saturn, physischer Leib und Willen zitiert haben, begnügen wir uns damit, darauf hinzuweisen, daß dieselbe Entwicklungstatsache besteht für das Gefühl, welches die innere Wahrnehmung des Ätherleibes ist, auf der «alten Sonne» durch die Geister der Weisheit gebildet, und für das Denken, die innere Wahrnehmung des Astralleibes, auf dem «alten Mond» gebildet von den Geistern der Bewegung:

		auf der Erde
Throne	physischer Leib	Wille
Weisheit	Ätherleib	Gefühlselement
Bewegung	Astralleib	Gedankenelement

Es drängt sich eine Bemerkung auf in bezug auf den Ätherleib und das Gefühlselement. Es ist schwer zu verstehen, daß der Ätherleib von innen gesehen Gefühl sei. Die Anthroposophie stellt uns tatsächlich manchmal den Ätherleib als Gedankenleib dar. Der Widerspruch ist jedoch scheinbar. Hier handelt es sich um das, was R. Steiner «kosmische Weisheit» nennt und was in uns als Gefühl erscheint:

«Die Sonnenperiode hat die Erde durchgemacht, um den Ätherleib auf der einen Seite zu begründen durch den Einfluß der Geister der Weisheit und um zu begründen auf der anderen Seite durch das Fortwirken des Elementes der Weisheit dasjenige, was die innere Weisheit reflektiert: das Gefühl.»[50]

Wir befinden uns vor der Frage: welches ist die Mission der jetzigen Erde, nachdem die drei Bestandteile der Seele schon vor dem Erscheinen der Erde, d. h. der vierten Verkörperung nach Saturn, Sonne und Mond geformt worden waren; welches ist die Aufgabe der Elohim oder Geister der Form, die die Schöpfer des

Menschen auf der Erde sind? Ganz klar stellt R. Steiner diese Frage:
«Welche Mission haben nun die Geister der Form, was ist also die eigentliche Erdenmission?»[51]

Die Geister der Form, die Elohim oder Exusiai haben die Aufgabe, den drei schon gebildeten Leibern das Ich einzugliedern. Jedes der drei Elemente Wollen, Fühlen und Denken hat in der Vergangenheit eine Zeit der Hegemonie gehabt: auf dem Saturn war das Wollen die vorherrschende Kraft, auf der Sonne das Fühlen und auf dem Mond das Denken. Es ist die Aufgabe der Erde, des Ich, diese drei Kräfte, diese drei Elemente, in vollkommenes Gleichgewicht zu bringen.

«So hat man an den Erdenplaneten die Mission zu knüpfen, ein vollständiges Gleichgewicht dieser drei Elemente zu bewirken, das Gleichgewicht dieser drei Elemente herzustellen, von denen jedes während eines der früheren Zustände unseres Planeten die Oberhand hatte.»[52] Diese Aufgabe bedeutet also, das harmonische Zusammenwirken dieser drei Elemente zu gewährleisten:

«Zum Stillstand zu bringen den Kampf dieser Elemente dadurch, daß sie in das richtige Gleichgewichtsverhältnis gebracht werden, das ist die Erdenmission.»[53]

Indem R. Steiner jedoch diese neue Situation der Erdenentwicklung, das Gleichgewicht der drei Seelenkräfte, vertieft, ergänzt er diese Darstellungen: er gibt uns das tiefste Geheimnis dieser Entwicklungsepoche, der vierten Epoche der Erdenentwicklung. Er präzisiert zuerst: für die Erdenmission wurde als okkultes Symbol das gleichseitige Dreieck verwendet. Das gleichseitige Dreieck zeigt ein vollkommenes Gleichgewicht im Verhältnis der drei Seiten. Wir werden aufmerksam gemacht auf ein Merkmal dieses symbolischen Dreiecks und zwar, daß die Okkultisten ein Auge in die Mitte des gleichseitigen Dreiecks zeichnen, diese Augenmitte ist das vollkommene Symbol des Gleichgewichtes der Menschenhandlung.

		Erdenentwicklung
Saturn	phys. Leib	Wille
Sonne	Ätherleib	Gefühl
Mond	Astralleib	Gedanke
Erde	Ich	

In diesem Schema fehlt das der Erde entsprechende Element. Dieses Element wird durch das vollkommene Gleichgewicht der drei anderen geboren werden. Welches ist dieses vierte Element?

«Das Geheimnis dieser Mission spricht sich dadurch aus, daß durch dieses Zusammenwirken, durch dieses Gleichgewicht der drei Kräfte das Innere tatsächlich produktiv Neues wirkt. Es wird dadurch wahrhaft ein viertes Element erzeugt zu den vorhergehenden, und dieses vierte Element ist *das Element der Liebe.* Die Liebe kann im Weltgetriebe sich nur entwickeln, wenn ein absolutes Gleichgewicht der drei in früheren Zeiten abwechselnd die Hegemonie führenden Kräfte eintritt... Dadurch wird die Dreiheit zu einer Vierheit ... Deshalb wird auch das Geheimnis des Erdendaseins gewöhnlich okkult ausgesprochen mit den Worten ‹Die Dreiheit zur Vierheit machen›.»[54] Vervollständigen wir das Schema:

		Erdenentwicklung
Saturn	physischer Leib	Wille
Sonne	Ätherleib	Gefühl
Mond	Astralleib	Gedanke
Erde	Ich	Liebe

Der Liebes-Stein

Dank der bis hierher entwickelten Gedanken wird es nun leichtfallen, von dieser Qualität der Grundsteinmeditation, welche in unserer dreifachen Organisation die Liebe geboren werden läßt, wenigstens eine Erkenntnis zu haben.

Wir können durch die meditative Arbeit wirklich empfinden, wie der erste Teil des Grundsteins, der an die *Vaterkräfte,* an den Saturn gebunden ist, uns in Beziehung zum Willen, zum Wollen bringt; wie der zweite Teil, gebunden an die Sohnes-Sonnenkräfte, uns mit den Kräften des Fühlens vereint und schließlich der dritte Teil, dem Geist verbunden, uns zu den Kräften des Denkens führt:

Saturn	Vater	die Höhen – Tiefen	Wollen
Sonne	Sohn	der Umkreis	Fühlen
Mond	Geist	die Tiefen – Höhen	Denken

«Die Himmelshöhe ist der Vater,
Der Erdenkreis – der Sohn,
Die Meerestiefe – der Heilige Geist.»[55]

Das präzisiert sich noch durch die folgenden Gedanken des Grundsteins:

… du wirst wahrhaft leben:	Leben	Tat	Wille
… du wirst wahrhaft fühlen:	Fühlen	Verbindung	Gefühl
… du wirst wahrhaft denken:	Denken	Grund	Gedanke

Nun sind wir vorbereitet, uns auf bewußte Weise mit dem vierten Teil des Grundsteins zu befassen und zu verbinden.

In der Zeiten Wende
Trat das Welten-Geistes-Licht
In den irdischen Wesensstrom;
Nacht-Dunkel
Hatte ausgewaltet;
Taghelles Licht
Erstrahlte in Menschenseelen;
Licht,
Das erwärmet
Die armen Hirtenherzen;
Licht,
Das erleuchtet
Die weisen Königshäupter.

Göttliches Licht,
Christus-Sonne,
Erwärme
Unsere Herzen;
Erleuchte
Unsere Häupter;
Daß gut werde,
Was wir
Aus Herzen gründen,
Was wir
Aus Häuptern
Zielvoll führen wollen.

In diesem Teil werden die drei anderen zur vollkommenen Harmonie gebracht, Wollen, Fühlen, Denken. Er schenkt uns den Keim, den die Erde dem Menschen bringt: das Element der Liebe. Sie wird geboren durch die Harmonie der drei anderen Seelenkräfte, d. h. der drei ersten Teile der Meditation. Wir haben nicht die Absicht, diesen vierten Teil zu zergliedern, um zu zeigen, wie die drei Elemente darin ausgeglichen sind und wie sie, wenn sie regelmäßig meditiert werden, die Seelenkräfte des Meditierenden ins Gleichgewicht bringen.

Wir wollten nur versuchen, uns diesem Geheimnis zu nähern, das mit der Bezeichnung «Liebes-Stein», die R. Steiner der Grundsteinmeditation gegeben hat, verbunden ist. Die Arbeit am vierten Teil des Grundsteins kann, wenn sie intensiv und regelmäßig ist, zu einer Harmonisierung der esoterischen Inhalte der drei ersten Teile führen. Sie erlaubt uns wahrzunehmen, daß die Erdenentwicklung an die Zahl Vier gebunden ist und nicht bei der Drei stehenbleiben darf. Ein wahrhaft neues Element ist in der Entwicklung erschienen, welches man auf derselben Ebene sehen kann, wie die drei anderen, der Vergangenheit angehörenden Vater-Sohn-Geist. Dieses neue Element, das ist der Sohn-Mensch, der Sohn-Christus, vom Vater ausgehend und sich mit dem Menschen verbindend, Christus-Jesus. Der vierte Teil des Grundsteins stellt uns vor das große Geheimnis der *Inkarnation.*

In dem Herzen webet Fühlen,
In dem Haupte leuchtet Denken,
In den Gliedern kraftet Wollen.
Webendes Leuchten,
Kraftendes Weben,
Leuchtendes Kraften:
DAS IST DER MENSCH.

Rudolf Steiner, Wahrspruchworte.

IV. Die drei Versuchungen Christi in der Wüste

Einleitung: die drei Flüche Jehovas und ihr Ausgleich

Die Evangelien berichten uns, daß sogleich nach der Taufe im Jordan der Christus-Jesus vom Geiste in die Wüste geführt worden war, um dort versucht zu werden. Im Matthäusevangelium ist es folgendermaßen beschrieben:
«Danach wurde Jesus durch den Antrieb des Geistes hinausgeführt in die Einsamkeit der Wüste. Er solle die Kraft der Widersachermächte kennenlernen. Als er nach vierzig Tagen und vierzig Nächten, die er in asketischer Übung verbrachte, Hunger verspürte, stand mit einem Male der Versucher vor ihm und sprach: ‹Bist du der göttliche Sohn, so laß durch die Kraft deines Wortes diese Steine sich in Brot verwandeln.› Jesus aber antwortete: ‹Die Schrift spricht: Der Mensch lebt nicht vom Brot allein. Er lebt von jedem Worte, das aus dem Munde Gottes kommt.› Da entrückte ihn der Widersacher in die heilige Stadt und stellte ihn auf die Zinne des Tempels und sprach: ‹Bist du der göttliche Sohn, so stürze dich in die Tiefe. Denn es heißt in der Schrift: Seinen Engeln hat er dich anbefohlen, und sie werden dich auf ihren Händen tragen, so daß dein Fuß an keinen Stein stößt.› Jesus sprach: ‹Es heißt aber auch: Du sollst die göttliche Macht, die dich führt, nicht deiner Willkür dienstbar machen.›

Und wieder entrückte ihn der Widersacher. Er führte ihn auf einen sehr hohen Berg und zeigte ihm alle Reiche der Welt und den Glanz ihres Kräftespiels und sprach: ‹Das alles gebe ich in deine Macht, wenn du niederfällst und mich als deinen Herrn anerkennst.› Da sprach Jesus zu ihm: ‹Entweiche, Satan! So spricht die

Schrift: vor der göttlichen Macht, die dich führt, sollst du dich beugen. Ihr allein sollst du dienen.›

Da ließen die Widersacher von ihm ab und siehe, Engel nahten ihm und dienten ihm.»[56]

Das, was in dieser Schilderung sofort auffällt, ist die Tatsache, daß Jesus *in die Wüste* geführt wurde und daß er 40 Tage und 40 Nächte *fastete.* Wenden wir unsere Aufmerksamkeit diesen verschiedenen Details zu, und versuchen wir, ihre Bedeutung zu verstehen.

Die Wüste. – Hier ist ein sehr sprechendes Bild, wir könnten sogar sagen, eine bedeutungsvolle Imagination. Wir haben dieses Bild im Zusammenhang mit Johannes dem Täufer schon kennengelernt, wie er in der Wüste predigte und von sich selbst sagte: Ich bin die Stimme des Rufers in der Wüste (Johannesevangelium, I. Kap.). Diese Imagination der Wüste kann in vollkommener Polarität zu einer anderen Imagination gesehen werden, zum *Paradies.* Diese letztere zeigt unserer Seele ein üppiges Leben, Pflanzen und Tiere sich grenzenlos ausbreiten, wo das Wasser des Lebens im Überfluß fließt. Im Paradies lebten der erste Mensch, Adam und die erste Frau, Eva. Sie wurden versucht. Sie verfielen der Sünde, da sie den Listen des Teufels nicht widerstanden. Mit dieser Szene der Versuchung Adams und Evas im Alten Testament beginnt das Drama der Menschheit. Die Schlange, Luzifer, fand, indem sie sich dem ersten Menschen näherte, Zugang zu ihm und brachte ihm durch diese Tat die Erkenntnis von Gut und Böse. Die Folge davon war, daß der Mensch durch *den Tod* gehen mußte. Der Mensch hat also dadurch *den Tod* kennengelernt.

Um sich als Mensch in den Raum zu stellen, muß er, nachdem er in die Materie getrieben war, um die Freiheit im Reich der Schwerkraft zu erringen, die drei wichtigsten, grundlegendsten Aufgaben seines Lebens erfüllen: sich aufrichten und gehen, sprechen, denken. Wir haben oben gezeigt, wie der Mensch diese drei Aufgaben in den ersten drei Jahren seines Lebens erfüllt und er sie sozusagen in einem Bewußtseinszustand des «Schlafens» durchführt, denn er behält davon ja keinerlei Erinnerung. Er vollzieht sie als Kind auf dem physischen Plan. Wir haben oben gezeigt, daß er, um in der Entwicklung als Mensch voranzuschreiten, dieselbe Anstrengung zu leisten hat, denselben Weg zu durchschreiten hat, um auf seelischer Ebene sich aufzurichten und zu gehen, zu sprechen und zu denken. Dies ist das Ziel der geistigen Entwicklung, welche es dem Menschen ermöglicht, die Entwicklung, seinen eigenen Möglichkeiten entsprechend, in die Hand zu nehmen und anzustreben.[57]

Der «Sündenfall» hat den Menschen vor eine dreifache, im Paradies unbekannte Situation gestellt, die Jehova in den drei Flüchen ausspricht, welche man aber auch die drei ehernen Gesetze des Daseins in der Materie nennen könnte: *1. die Arbeit:* im Schweiße deines Angesichts wirst du dein Brot ernten; *2. das Leiden:* mit Schmerzen wirst du Kinder gebären; *3. der Tod:* denn du bist Erde und sollst wieder zu Erde werden.

Der Christus-Jesus befindet sich in der dem Bilde des Paradieses gegenüber umgekehrten Situation, was durch das Bild der Wüste unterstrichen wird. Die Versuchung erfolgt somit nicht von «außen», von einer Kraft, der Schlange, die zum Ganzen der Wesen des Paradieses dazugehört, sondern von «innen», vom Menschen selbst. Der Christus hat sich der Menschheit verbunden, indem er durch die Taufe in die Hüllen des Jesus eintauchte, in den Astralleib, den Ätherleib und den physischen Leib.

Rudolf Steiner zeigt uns dies im «Fünften Evangelium» mit folgenden Worten: «Versuchen wir das zu fühlen ... die Christus-Wesenheit in einem Menschenleibe, eine Wesenheit, die noch nicht in einem Menschenleibe gelebt hatte, die bisher nur war in geistigen Reichen, die vorher kein Erdenleben hatte, die die geistigen Welten kannte, nicht die Erdenwelt! Von der Erdenwelt erfuhr diese Wesenheit nur dasjenige, was gleichsam aufgespeichert war in den drei Leibern, im physischen Leib, Ätherleib und Astralleib des Jesus von Nazareth.»[58]

Der Christus wurde in die Wüste geführt, um den in den drei Wesensgliedern des Jesus, des Menschen, lebenden Gegenmächten zu begegnen. «So zog es die Christus-Wesenheit, die zum ersten Male in einem Menschenleibe, in einem Erdenleibe wohnte, zunächst hin zum Kampf mit Luzifer und Ahriman in der Einsamkeit der Wüste.»[59]

Diese Szene steht im Gegensatz zur Versuchung im Paradies. Tatsächlich entsteht die Situation dadurch, daß der Christus-Jesus, außer daß er sich in der Einsamkeit, der Wüste befindet, vierzig Tage und vierzig Nächte fastet, während Adam und Eva den Apfel gegessen haben, was die Voraussetzung des Sündenfalls war. Warum vierzig Tage?

Im Kampf mit den Widersachermächten bedeutet die Zahl 40 den Zeitraum der Reinigung. Wir finden hierzu ein Beispiel in den hebräischen Gebräuchen: eine Frau, die geboren hatte und die als durch diesen Akt unrein geworden betrachtet wurde (mit Schmerzen sollst du Kinder gebären), mußte vierzig Tage warten, ehe sie wieder in den Tempel hineingehen und am Gottesdienst teilnehmen durfte. Da erst durfte sie ihr Kind den Priestern «darstellen». So wurde auch Jesus, der am 25. Dezember geboren worden war, vierzig Tage später, am 2. Februar in den Tempel gebracht (Darstellung im Tempel).

Wir sehen also, wie Adam, das reine Geschöpf, durch den Abstieg in die Materie (Erbsünde) verunreinigt wird und dadurch die Erkenntnis von Gut und Böse und die Freiheit erringt; der Christus dagegen, ein Sonnenwesen, wird die Materie durch die Verbindung mit einem Menschen durchdringen müssen, um sie zu erkennen und dem Menschen, der Menschheit den Impuls des Aufstiegs zu bringen.

Die drei Versuchungen werden den Christus also demjenigen gegenüberstellen, was in den menschlichen Wesensgliedern lebt infolge der Inkarnation der Menschenwesenheit als Entwicklungskonsequenz hin zu Erkenntnis und Freiheit.

Indem der Christus diesen Zustand des auf der Erde im Fleisch lebenden Menschen durchlebt, wird er sich der Menschheit verbinden, wird wahrhaft Mensch werden und ermöglichen, daß diejenigen Menschen, die seinen Impuls suchen und empfangen, die helfenden Kräfte zu dem Aufstieg in die geistigen Welten, nun aber bewußt, finden werden.

Die erste Versuchung

Luzifer nähert sich der Wesenheit des Christus oder vielmehr, «steigt» auf aus dem menschlichen Astralleib, welchen der Christus kennenlernen soll. Er versucht ihn, indem er ihm verspricht, ihm alle Reichtümer der Welt, all ihre Herrlichkeit zu geben, wenn er vor ihm niederfällt und ihn verehrt: «Er führte ihn auf einen sehr hohen Berg und zeigte ihm alle Reiche der Welt und den Glanz ihres Kräftespiels und sprach: ‹Das alles gebe ich in deine Macht, wenn du niederfällst und mich als deinen Herrn anerkennst.›» Christus aber kannte Luzifer und wußte «wie man den Göttern dient»[60] und wies diese Versuchung zurück.

Was für ein Sinn verbirgt sich darin? Was Luzifer dem Christus verspricht, ist das Empfangen aller dieser Reichtümer ohne Arbeit. Er wollte den Christus dazu bringen zu akzeptieren, die Reichtümer der Welt (also des Vaters) *ohne Anstrengung* zu erlangen. Wir wissen jedoch, daß das erste der ehernen Gesetze, die Jehova ausgesprochen hatte, bedeutet zu *arbeiten* – und die Erde umzuwandeln – als Ausgleich für den Sündenfall. Wenn der Christus dieser Versuchung erlegen wäre, ihr nicht hätte widerstehen können, hätte er die notwendige Anstrengung nicht zu machen brauchen, um alles Irdische zu ergreifen und zu verwandeln, er hätte sich dagegen hineinziehen lassen in ein Reich, wo es keine Mühe gibt, in ein luziferisches Reich. Er hätte das Opfer, sich mit der Erde zu verbinden, für die Menschheit nicht gebracht. Dann hätte der Sündenfall sein Ziel verloren, und der Mensch würde sein Schicksal verfehlen. Rudolf Steiner gibt die Worte Luzifers im «Fünften Evangelium» in folgender Form wieder: «Ich aber will ein neues Reich gründen; ich habe mich losgelöst von der Weltordnung; ich will dir alles geben, was an Schönheit und Herrlichkeit in den alten Reichen ist, wenn du in mein Reich eintrittst. Aber abtrennen sollst du dich von den anderen Göttern und mich anerkennen!»[61]

Ja, der Mensch wäre dann keine irdische Wesenheit mehr. Denn er ist dafür geschaffen worden, die Dinge zu *benennen,* sie durch das Wort zu erringen, durch die Kraft des Logos, des Weltenwortes. Der Christus-Jesus würde folglich, indem er alle Reichtümer der Welt ohne die individuelle Aktivität erhalten hätte, die Kraft verlieren, die das Wort, der Logos dem Menschen bringt. Er hätte *die Erfahrung des fleischgewordenen Weltenwortes* nicht gehabt. Der Gottessohn weist Luzifer zurück, indem er den Sinn und die Gefahr dieser Versuchung erkennt.

Die zweite Versuchung

Die zweite Versuchung – nach Matthäus – spielt sich folgendermaßen ab: der Teufel entrückte ihn auf die Zinnen des Tempels der Heiligen Stadt und sprach zu ihm, er solle sich in die Tiefe stürzen, er brauche keine Angst zu haben, da die Engel ihn auf ihren Händen tragen würden: «Bist du der göttliche Sohn, so stürze dich in die Tiefe. Denn es heißt in der Schrift: Seinen Engeln hat er dich anbefohlen, und sie werden dich auf ihren Händen tragen, so daß dein Fuß an keinen Stein stößt.»

Wir sehen hier, daß der Teufel dem Christus-Jesus verheißt, *«schweben»* zu können, ohne Angst haben zu müssen, sich den Kräften der Schwere auszuliefern, das heißt darauf zu verzichten, sich in einem physischen Leib zu inkarnieren.

Die Worte des «Fünften Evangeliums» machen uns aufmerksam auf die zweifache Versuchung, die sich in diesem zweiten Angriff zeigt, denn Ahriman hat sich diesmal dem Luzifer verbunden. Luzifer sucht den Hochmut anzustacheln und, sich darauf stützend, erweckt Ahriman die Angst.

Luzifer: «Durch meine Geistigkeit, durch das, was ich dir zu geben vermag, wenn du mich anerkennst, wirst du nicht bedürfen dessen, wessen du jetzt bedarfst, weil du als Christus in einen menschlichen Leib getreten bist. Dieser Leib unterwirft dich, du mußt das Gesetz der Schwere anerkennen. Er hindert dich, das Gesetz der Schwere zu übertreten ... Wenn du mich anerkennst, werde ich die Folgen des Sturzes aufheben und es wird dir nichts geschehen!»

Ahriman: «Ich werde dich behüten vor der Furcht. Stürze dich hinunter!»[62]

Wir sehen also, wie Ahriman eine dem Angriff Luzifers entgegengesetzte Wirkung ausübt. Er will, daß der Christus noch tiefer in die Materie untertaucht und verspricht, ihm die Furcht zu nehmen, die mit dieser Ehe des Menschen mit der Materie, mit der physischen Welt, verbunden ist. Er würde auf diese Weise ein rein irdisches Wesen werden und vergäße den Himmel. Aufgrund dieser entgegengesetzten Wirkungen, indem Luzifer verlangt, der Christus solle «schweben», der Schwerkraft entsagen und Ahriman ihn tief in die Materie fallen lassen will, widersteht Er ihnen, indem Er den einen durch den anderen ins Gleichgewicht bringt: «Und er [der Christus] fand die Kraft, die der Mensch finden muß auf Erden, um sich über Luzifer und Ahriman zu erheben.»[63] Was war das Ziel dieser zweiten Versuchung, zu welcher die beiden Gegenmächte ihre Kräfte vereinigten?

Eine erste Antwort kann gefunden werden, wenn wir daran denken, wie der Mensch, indem er unter irdischen Gegebenheiten zu leben hat und der Schwerkraft unterliegt (das Wort Schwerkraft muß im weitesten Sinne, in vollster Bedeutung verstanden werden), das Opfer von unzähligen Leiden wird. Man spricht oft «von der Schwere des Schicksals», und das Eigenschaftswort «schwerwiegend», «bedrückend» wird angewendet zur Charakterisierung einer Leidenssituation. Was die Versucher eigentlich wollten, ist dieses: den Menschen von dem zweiten Fluch zu «befreien»: «mit Schmerzen wirst du Kinder gebären». Sie wollten ihn befreien von dieser notwendigen Bedingung zur Umwandlung der Materie, ihn zu befreien von dem, was man zusammenfassend nennen könnte, die Prüfungen, die der Christus als mit Jesus Verbundener kennenlernen wird im Lauf der drei Jahre seines Lebens auf der Erde, und welche kulminieren in den Leiden im Garten Gethsemane, in der Passion bis hin zu Golgatha, dem Tod am Kreuz und der Höllenfahrt.

Ebenso bietet sich ein zweiter Gesichtspunkt unserer Überlegungen an. Er zeigt sich dadurch, daß die zweite Versuchung sich abspielt zwischen «schweben» und «schwer sein». Wir haben in einem anderen Teil dieser Schrift gesehen, daß eine der mächtigsten Handlungen des Menschen in den ersten Jahren seines Lebens geleistet wird im Erringen der aufrechten Haltung, dem Gleichgewicht-Halten im Raum zwischen «schweben« und «kriechen», was dann zum *Gehen*-Können führt.

Diese dem Menschen gegebene Kraft, welche in der Zeit vor dem dritten Lebensjahr wirksam ist, sollte der Christus wiedererkennen in Jesus durch die Inkarnation, um sie in sein Bewußtsein hinaufzuheben. Wir wissen, daß der Mensch diese Kräfte bewußt wiederfinden muß, da es diejenigen Kräfte sind, die ihm eine innere Entwicklung ermöglichen. Indem der Christus in den Astralleib, den Ätherleib und den physischen Leib des Jesus untertauchte, ergriff er diese Kräfte und konnte sie zum Bewußtsein bringen für alle Menschen, die sich ihm verbinden, indem sie das «Nicht ich, aber der Christus in mir» verwirklichen. Es sind dieselben Kräfte, die zur aufrechten Haltung und zum Gehen führen.

Die beiden Gesichtspunkte vereinigen sich eigentlich, da man nur ein Kind zu beobachten braucht, wie es schrecklich «kämpft», um sich aufzurichten und zu gehen, um zu verstehen, daß es sich auch da um «Leiden» und «Prüfung» handelt, und die Freude, die das Kind ausstrahlt, wenn es endlich Erfolg hatte, bestätigt es.

Der Christus weist also diese Versuchung zurück und akzeptiert, daß er auf der Erde «gehen» muß, um die frohe Botschaft zu bringen: ein Gott, der Gottessohn, der Logos wandelt unter den Menschen. Jeder, der sich Ihm verbindet, wird «sich aufrichten» können und «gehen», auf geistige Weise in der Seele, wie wir es im Zusammenhang mit der geistigen Entwicklung des Menschen beschrieben haben.[64]

Die dritte Versuchung

Nun nähert sich der Teufel zum dritten Mal dem Christus-Jesus in einem noch schwereren Angriff, welcher am tiefsten das Rätsel der Inkarnation, die Aufgabe des Lebens auf der Erde, der Verbindung mit der Materie, die menschliche Existenz berührt. Zuerst ist eine Präzisierung notwendig, den Ablauf der drei Versuchungen betreffend. Rudolf Steiner gibt an, daß «Das Fünfte Evangelium» die Versuchungen in umgekehrter Reihenfolge darstellt, verglichen mit den anderen vier Evangelien. Die Versuchung, von der wir nun sprechen wollen, ist die letzte, sie wird jedoch gewöhnlich an erster Stelle erzählt. Sie geschieht in dem Augenblick, wo Ahriman, als er sieht, daß der Christus die Polarität Luzifer-Ahriman erkannt und dadurch beide überwunden hat, Luzifer zurückstößt und allein versucht, zum Ziel zu gelangen. Matthäusevangelium: «Als er ... Hunger verspürte, stand mit einem Male der Versucher vor ihm und sprach: ‹Bist du der göttliche Sohn, so laß durch die Kraft deines Wortes diese Steine sich in Brot verwandeln.› Jesus aber antwortete: ‹Die Schrift spricht: Der Mensch lebt nicht vom Brot allein. Er lebt von jedem Worte, das aus dem Munde Gottes kommt.›»[65]

Hier stellt Ahriman dem Christus eine Wirklichkeit gegenüber, die dieser nicht kennen konnte, denn seit der Jordantaufe hatte er tatsächlich nicht lange genug auf der Erde gelebt, um eine Wahrheit von der größten Bedeutung in der Menschenwelt wahrgenommen zu haben. Welches war diese Wahrheit, diese Wirklichkeit? Um uns dieser Frage zu nähern, müssen wir uns zuerst fragen, wer ist Ahriman, welches ist die Bedeutung seines Wesens, das sich dem Christus mit solcher Kraft entgegenstellt? Denn der Christus kann den zweiten Einwand: die Menschen haben es nötig, Steine zu Brot zu machen, sie haben es nötig, die Materie umzuwandeln, in all ihren Formen, im Brot zur Nahrung, da sie mit der Erde verbunden sind, nicht beantworten.

Stützen wir uns hier auf einen Vortrag[66] von Rudolf Steiner, wo er einen Aspekt von Ahrimans Wesen unterstreicht und seine

Funktion charakterisiert, seine Aufgabe in der Ökonomie der Entwicklung. Das ermöglicht uns schließlich auch zu verstehen, wie der Christus seinen Gegner überwinden wird. «Die höheren Hierarchien enthalten in ihrem Wesen die Kräfte, welche gebildet haben Saturn, Sonne, Mond und zuletzt die Erde. ... Aber die Erde würde, wenn sie nur das in sich erhielte, was wir dem Saturn, der Sonne, dem Monde haben einverleiben können, niemals Wesen entwickeln können, welche vom Sterben etwas wissen, welche daher Intellekt in sich entwickeln können.» Sie mußten aber der Erde etwas hinzufügen, was spezifisch irdisch ist, d. h. den Tod und das, was besonders damit verbunden ist, den Intellekt. Denn diesen bringt der Tod den Menschen. Die Hierarchien sagen: «Es ist uns höheren Hierarchien unmöglich, die Erde so zu gestalten, daß sie die Kräfte hergibt, damit Menschen zum Intellekt kommen. Da müssen wir uns einlassen auf ein ganz anderes Wesen, auf ein Wesen, das von anderen Wegen herkommt, als wir hergekommen sind, auf das ahrimanische Wesen. ... Wenn wir den Ahriman dulden innerhalb der Erdenentwickelung, ... bringt er uns den Tod und damit den Intellekt, und wir können in die menschliche Wesenheit *Tod* und *Intellekt* aufnehmen. Ahriman kennt den Tod. Ahriman kennt ihn, weil er verquickt mit der Erde ist, weil er Wege gegangen ist, durch die er mit der Erdenentwickelung zusammenhängt. Er ist ein Wissender, ein Weiser des Todes.»[67]

So lautet die Beschreibung, die R. Steiner vom Wesen Ahrimans gibt und von der Entwicklungssituation wenige Zeit vor dem Mysterium von Golgatha: «Die Götter mußten sich – wenn man so sagen darf – einlassen mit Ahriman. Sie mußten sich sagen: Die Evolution kann ohne Ahriman nicht fortschreiten.»[68]

Mit diesem notwendigen Eintritt Ahrimans in die Entwicklung war die Gefahr verbunden, daß die Erde in seine Hände fallen würde. Denn dieser hatte nur ein Ziel, sah nur einen Nutzen: die Erde völlig zu intellektualisieren und sie so für sich zu gewinnen.

«Die Götter standen vor der großen Frage, die Herrschaft über die Erde an Ahriman in einem gewissen Sinne zu verlieren. Da ergab sich nur die eine Möglichkeit, daß die Götter selber etwas kennenlernten, was sie in ihren Götterwelten, die nicht von Ahriman durchdrungen waren, nicht haben kennenlernen können, daß die Götter durch einen ihrer Abgesandten, den Christus, den Tod auf der Erde selber kennenlernten... Es mußte ein Gott durch den Tod gehen, und ... den Tod überwinden. So daß das Mysterium von Golgatha für die Götter bedeutete: die Bereicherung ihres Wissens durch die Weisheit vom Tode.»[69]

Wir sehen also bei der dritten Versuchung, wie Ahriman die Kräfte der Erkenntnis gebraucht, welche ihm seine Macht über die Materie, den Intellekt und den Tod verleiht. Durch das Anerkennen des Sich-Inkarnierens wird der Sieg errungen über die erste Versuchung, durch das Anerkennen des Gehens auf der Erde der Sieg über die zweite Versuchung; indem der Christus auf den Tod zugeht, sich mit dem Tod verbindet, ihn erkennt durch die Erfahrung des Gottes, nähert er sich erst dem Sieg über die dritte Versuchung.

Ein anderer Aspekt: mit dem Tod und dem Intellekt eng verbunden sind das Auftreten und die Entwicklung des Nervensystems und des Gehirns durch alle Gattungen hindurch. So kann man folglich sagen, daß der Christus vollständig fähig wurde, das Nerven-Sinnes-System und das Zentralnervensystem zu ergreifen, um den Intellekt zu beherrschen. «Versteht man diesen Zusammenhang der irdischen Welt mit der göttlichen Welt, dann weiß man den Intellekt wiederum zurückzuführen zu der Spiritualität.»[70] Die Erkenntnis dieses Verhältnisses zwischen «Himmel und Erde» kann in diesem Zusammenhang durch folgenden Satz zusammengefaßt werden: «Die Götter haben Ahriman besiegt, indem sie seine Kraft für die Erde nutzbar gemacht haben, aber abgestumpft haben sie seine Macht, indem sie selber den Tod kennenlernten in der Wesenheit des Christus.»[71]

Die dritte Versuchung durch Ahriman allein hatte ein Zweifaches zum Ziel: zuerst den Christus daran zu hindern, durch den Tod zu gehen und auf diese Weise den dritten «Fluch» der Schöpfungsgeschichte: «Du bist Erde und sollst wieder zu Erde werden» auszugleichen; und dadurch auch zu verhindern, daß der Christus sich mit dem Intellekt, dem menschlichen Denken, das an die Todeskräfte gebunden ist, verbindet, um es auferstehen zu lassen.

***

Die drei Versuchungen und die drei ersten Lebensjahre

Wir können nun also feststellen, daß die Schilderung der drei Versuchungen und der Kampf, den der Christus mit den Gegenmächten führen mußte, ein Kampf ist, um der Menschheit das Bewußtsein von drei Dingen zu schenken, von denen R. Steiner sagt, sie sind die wesentlichsten Taten, die der Mensch auf der Erde vollzieht:

- Sich Aufrichten, Gehen;
- Sprechen;
- Denken.

Der Erwachsene muß diese Kräfte, die so mächtig in den drei ersten Lebensjahren gewirkt haben, wiederfinden, um seine Entwicklung weiterzuführen. Es zeigt sich mit Deutlichkeit, daß die Konzentration auf die drei Versuchungen uns reale Kräfte gibt, unser inneres Leben zu vertiefen und in den Seelengründen den Impuls für eine wahre spirituelle Arbeit zu erneuern.

Der Mensch, die drei Versuchungen und der Grundstein

Eine erste Bemerkung bezieht sich auf den Zusammenhang des Menschen mit den drei Versuchungen, denn es ist der Unterschied festzustellen zwischen der Situation des Menschen und der des Christus-Jesus in der Wüste.

Der Mensch *ist inkarniert,* während der Christus, wie wir es gesehen haben, so kurz nach der Jordantaufe sich *vor der Inkarna-*

tion befindet. «Das Fünfte Evangelium» lehrt uns, daß die drei Jahre des Lebens des Christus in den Hüllen des Jesus dem Embryonalzustand des Menschen im Mutterleibe entsprechen, der Tod auf Golgatha und die Auferstehung sind die Geburt des Sonnengeistes Christus auf der Erde.

Die Grundstein-Meditation sagt uns ganz klar, daß der Mensch inkarniert ist:

> Menschenseele!
> Du lebest in den Gliedern ...
> ... Du lebest in dem Herzens-Lungen-Schlage ...
> ... Du lebest im ruhenden Haupte ...

Zusammenfassend könnte man sagen: «Mensch! Deine Seele ist inkarniert in deinem Leib, deinen Gliedern, im Schlagen deines Herzens, in deiner Lunge und im Haupte!» Im vierten Teil der Meditation wird dann eine grundlegende Erkenntnis hinzugefügt: Das Sonnenwesen, das Licht der Welt ist «in den irdischen Wesensstrom» eingetreten, hat sich inkarniert, ist Mensch geworden:

> In der Zeiten Wende
> Trat das Welten-Geistes-Licht
> In den irdischen Wesensstrom;

Dieser Unterschied zwischen der Situation des Christus, der vor der Inkarnation steht, und der des Menschen, der schon völlig inkarniert ist, verursacht die Umkehrung der Reihenfolge der Versuchungen. Für den Christus ist die erste Versuchung diejenige, die ihn von der Inkarnation abbringen will:
Luzifer: «... tritt in *mein* Reich ein.»

Für den Menschen wird diese Versuchung die zweite sein, da Luzifer versucht, den Menschen, der inkarniert ist, aus den irdischen Gegebenheiten herauszureißen. Die erste Versuchung, die an den Menschen herantritt, ist diejenige, die verhindern will, daß er seinen Körper besiegt, die verhindern will, daß er sich aufrichtet um zu gehen, diese Versuchung hat der Christus an zweiter Stelle zu überwinden.

Menschenseele!

Luzifer: Schwebe, entsage der Schwere, kämpfe nicht gegen sie, wende dich einzig dem Geist zu.

Ahriman: Krieche weiterhin, verbinde dich vollständig der Materie, vergiß den Geist!

Durch die Arbeit am ersten Teil des Grundsteins kann der Mensch diese beiden Ablenkungsversuche in Schach halten. (Wir haben gesehen, daß diese Versuchung mit dem gemeinsamen Angriff Luzifers und Ahrimans verbunden ist.)

«Der Grundstein» sagt uns:

Menschenseele!
Du lebst in den Gliedern,
Die dich durch die Raumeswelt
In das Geistesmeereswesen tragen:

Durch die Aktivität der Glieder im Raume, nicht indem man darauf verzichtet und sie zurückweist, wird man in die Welt des Geistes geführt. Hierdurch wird Luzifer zurückgestoßen.

Menschenseele!
... Übe Geist-Erinnern
In Seelentiefen ...

Erinnert sich der Meditierende des Geistes durch die Aktivität seines Ich, liefert er sich nicht ganz der Materie aus und vergißt nicht seinen geistigen Ursprung.

Menschenseele!
... Aus dem Göttlichen weset die Menschheit ...
Ex deo nascimur.

Der Mensch befindet sich also in der *Aufrechten,* der *Vertikalen,* er kann in «das Geistesmeereswesen» tauchen, ja, in die Seelentiefen, und er behält die Verbindung mit seinem Ursprung, denn er kommt vom Vater, der in den Höhen wirket:

... Denn es waltet der Vater-Geist der Höhen
In den Weltentiefen Sein-erzeugend ...

Durch diese Aktivität des meditativen Bewußtseins wird diese Versuchung überwunden werden; und dann:

Menschenseele!
... Und du wirst wahrhaft leben ...

In diesem Teil des Grundsteins finden wir die Kraft wieder, die dem Menschen in den ersten drei Jahren zum Aufstehen und Gehen verholfen hat, zum Aufstehen und Gehen seinem Schicksal, seinem Erdenkarma entgegen. Um dies zu erkennen, um seinen göttlichen Ursprung anzuerkennen, mit allen Folgen, die dies mit sich bringt, braucht man *Erkenntnismut.* Dieser Erkenntnismut ist verbunden mit der *Aufrichtekraft der Seele.*

Eine Szene in dem Johannesevangelium zeigt uns ein Bild, wie das Christus-Wesen helfen kann, wenn der Mensch den Willen hat, es zu suchen, wie es uns zu dem Gleichgewicht-Halten zwischen dem An-die-Erdenkräfte-gebunden-Sein und dem Außerachtlassen dieser Kräfte führt. Im fünften Kapitel des Johannesevangeliums lesen wir:

«... Jesus zog hinauf nach Jerusalem. In Jerusalem gab es am Schaf-Tor einen Teich, der hieß auf hebräisch Bethesda, mit fünf Hallen für die dort Badenden. Viele Kranke lagen da, Blinde, Lahme und Verkrüppelte, wartend, daß das Wasser in Bewegung geriete. Denn zu bestimmten Zeiten fuhr ein Engel mit seinem Kräftewesen in den Teich, so daß das Wasser emporwallte. Der erste nun, der nach dem Emporwallen des Wassers hineinstieg, wurde geheilt, gleichviel welche Krankheit ihn auch plagte. Unter den Kranken befand sich nun ein Mensch, der bereits seit 38 Jahren an seiner Krankheit litt. Als Jesus ihn dort liegen sah und innewurde, daß er schon so lange krank war, sprach er zu ihm: Hast du den Willen gesund zu werden? Da antwortete der Kranke: Herr, ich habe keinen Menschen, der mich, wenn das Wasser emporwallt, in den Teich hinunterträgt. Und wenn ich selbst hingehe, so steigt immer schon ein anderer vor mir hinein. Jesus sprach zu ihm: *Steh auf, nimm dein Lager und geh!*»[72]

Die Anthroposophie lehrt uns, daß es sich hier um die Heilung des Menschen der fünften nachatlantischen Epoche, also unserer Epoche, handelt. Diese beginnt im 15. Jh. Der Mensch dieser Epoche ist völlig von der geistigen Welt abgeschnitten. Er ist durch den Einfluß Ahrimans so an die Werte und Kräfte der Erde gebunden, daß er auf seinem Lager (also in seinem Leib) gelähmt ist. Der Christus-Jesus nähert sich diesem liegenden, gelähmten Menschen und sagt zu ihm: «Steh auf, nimm dein Lager und geh!» In der Sprache der heutigen Zeit muß man dies so verstehen, daß der Christus sich in ätherischer Gestalt der Seele des Menschen nähert und sie liebevoll impulsiert, die innere aufrechte Haltung einzunehmen und seinem Schicksal (Karma) bewußt entgegenzugehen.

Der Mensch und die zweite Versuchung

Diese Versuchung, die dem Menschen die Schöpfung Luzifers, ein nicht-irdisches Reich, in welches er aufgefordert ist einzutreten, zeigt, übt einen ganz bestimmten Einfluß auf uns aus. Sie wendet sich an die Sehnsucht des Menschen nach dem verlorenen Paradies, der Ewigkeit, dem Nirvana, wo es kein irdisches Leiden mehr gibt. Keine Anstrengung, kein Mühen, keine Krankheiten mehr, das ist die Sehnsucht nach dem vollständigen Frieden. Um dies zu erreichen, flüstert uns die Stimme Luzifers ein:

«Menschenseele! Verlaß die Erde, verlaß das Erden-Reich, wende dich ab von dem Orte der Mühen, der Anstrengungen und der Leiden. Ich werde dich an einen besseren, angenehmeren Ort führen, wenn du dich von den alten Göttern abwendest und mich als Meister anerkennst!»

Gegenüber dieser Versuchung geben die Worte des zweiten Teiles des «Grundsteins» dem Meditierenden die Kraft, dieser luziferischen List zu widerstehen und sie zu überwinden.

Diese Worte sagen uns:

Menschenseele!
Du lebest in dem Herzens-Lungen-Schlage,
Der dich durch den Zeitenrhythmus
Ins eigne Seelenwesensfühlen leitet...

Durch diese Worte wird uns eine Tatsache von großer Bedeutung mitgeteilt: es ist der Zeitenrhythmus, in welchen der Mensch eintauchen muß, um sein eigenes Seelenwesen zu «fühlen». Daraus folgend kann man sagen, um sich in den Gefühlen zu finden, muß man akzeptieren, in dem vergehenden Zeitstrom zu leben, muß man seine Biographie auf sich nehmen und nicht, wovon Luzifer uns zu überzeugen versucht, die Zeit verlassen, um die Ewigkeit außerhalb des irdischen Lebens zu finden.

Menschenseele!
... Übe Geist-Besinnen
Im Seelengleichgewichte ...

Der luziferische Angriff dieser Versuchung hat zum Ziel, die menschliche Seele in einem Reich der Wonne «aufzulösen». Indem der Meditierende das «Geist-Besinnen» übt, schafft er ein Zentrum, eine Sonne in sich, welche das irdische Reich «erleuchtet», im besonderen das Reich des «Fühlens».

Menschenseele!
... Und du wirst wahrhaft fühlen ...

Durch diese sonnenhafte Besinnung werde ich nicht abgeschnitten werden vom irdischen Reich, wie es der Versucher wollte, sondern im Gegenteil mit ihm verbunden sein; tatsächlich in dieser Besinnung, Konzentration werden die

... Welten-Werde-Taten
Das eigne Ich
Dem Welten-Ich
Vereinen ...

Indem der Mensch dies akzeptiert, wird er auf richtige Weise auf der Erde bleiben und wird im Werden seine Verbindung mit dem kosmischen Ich erleben.

Er schneidet sich nicht von der Entwicklung ab, bleibt ihr verbunden durch eine bewußte Tat, eine Menschen-Tat. Er verbindet sich bewußt mit dem Christus:

> ... Denn es waltet der Christus-Wille im Umkreis
> In den Weltenrhythmen Seelen-begnadend ...

Man sieht also, wenn man der zweiten Versuchung widersteht, kommt man dazu, die Realität des Zentrum-Umkreises zu empfinden. Man «steigt» nicht hinauf in die luziferischen Höhen, man schafft in sich ein Zentrum, ein inneres Wesen, welches seine Verbindung mit der Peripherie, der umgebenden Welt, wo der Christus waltet, erlebt. Will man dieses Wesen bilden, das wahre Zentrum seines Wesens, muß man es in Christus bilden, in sich jedoch sterben.

> In dem Christus wird Leben der Tod...
> In Christo morimur.

Das lebendige Wort beginnt in mir zu tönen, ich werde fähig, den wahren Namen der mich umgebenden Dinge zu erkennen. Die Kraft, die mich durch diese schmerzvolle Erfahrung führt, ist der Enthusiasmus, entflammt für das Wesen des Christus, ist das *Erkennungsfeuer.*

So wie die Heilung des Gelähmten im fünften Kapitel des Johannesevangeliums uns im Bild die Kraft des Christus zeigt, die den Menschen trägt und ihm ermöglicht, «sich aufzurichten» und zu «gehen», so stellt uns die Heilung des Blindgeborenen dar, wie der Christus-Jesus, indem er die Krankheit der Blindheit besiegt, die in sich selbst, in einem inneren Reich eingeschlossene Seele befreit:

«Im Vorübergehen sah er einen Menschen, der von Geburt an blind war ... da vermischte er seinen Speichel mit Erde und machte aus dem Speichel einen erdigen Brei; diesen legte er dem Blinden auf die Augen und sprach zu ihm: geh hin und wasche dich im

Teich Siloah. Das heißt übersetzt: die Aussendung. Und er ging hin und kam sehend zurück...»

Von da an begann der Blinde «klar zu sehen». Seine Verbindgung mit der Umgebung, mit der Peripherie ist vollständig geworden, er sieht die Dinge, er «schaut». In unserer Zeit ist die Gefahr offenkundig zu sehen und doch nicht zu «sehen»:

«Das hörten einige Pharisäer, die bei ihm waren, und sie fragten ihn: sind wir denn auch blind? und Jesus antwortete: wäret ihr blind, so wäret ihr frei von Schuld. Nun aber behauptet ihr, sehend zu sein, und so bleibt ihr schuldbeladen.»[73]

Diese Pharisäer stehen vor dem Christus, sie sehen ihn und «sehen» ihn doch nicht. Aus diesem Grunde versündigen sie sich, ihr Blick ist blind. Ein Gedicht zeigt uns auf künstlerische Weise diese zu erringende Stufe, wo die Sinnesorgane zu «Golfen» werden müssen, die das Geistige in den Sinneswahrnehmungen aufnehmen:

Wenn sich das Sehen steigert bis zum Trinken,
wenn deine Augen nicht mehr Augen sind,
wenn sie zu Lippen werden, die in Wind,
in Sonne, Regen, Tag und Nacht versinken,

dann magst du wohl von ferne nur ermessen
den Wohllaut, der aus allem Sein erklingt,
der auch dein eigenes Wesen ganz durchdringt,
so daß du neu erwirbst, was du besessen.

Leicht ist es wohl zu sagen: Ja, ich sah es.
Du sahst zu deutlich auf ein allzu Nahes.
Es ist ein weiter Weg zur Schau vom Sehen.

Erst wenn die Augen dir zu Lippen werden,
zum Brunnen mit den saugenden Gebärden,
dann magst du als ein Schauender bestehen.

J. Bessenich

Der Mensch und die dritte Versuchung

In der dritten Versuchung, die der Christus zu erdulden hat, steht er vor der von Ahriman gestellten Frage, Steine zu Brot machen zu sollen. Wir haben gesehen, daß der Christus sich zunächst nur teilweise dieser Herausforderung stellen konnte, indem er antwortete: «Der Mensch lebt nicht vom Brot allein. Er lebt von jedem Worte, das aus dem Munde Gottes kommt.» Er mußte durch Tod und Auferstehung gehen, um den Gegner vollständig zu besiegen und den an das Tote gebundenen Intellekt durch die Spiritualisierung umzuwandeln, wie wir oben gesehen haben. Das Gehirn ist das Organ der Gedanken, des Denkens. Wenn dieses Organ an die Todeskräfte gebunden bleibt, wird das Denken, was sich daran reflektiert, *ein totes Denken* sein.

So kann der Mensch, wenn er den Kräften Ahrimans unterliegt, aus diesem toten Denken heraus nur Werke schaffen, die ebenfalls «tot» sind, dazu verurteilt, in den Abgrund zu stürzen, wo der Fürst der Finsternis waltet. Der Mensch muß folglich ein lebendiges Denken erringen, dann werden dadurch auch seine Werke bis in die Materie hinein ein Abglanz des wahren Geistes sein.

Gegenüber dieser Versuchung, der dritten und schwierigsten, zeigt uns der Grundstein einen Weg, auf welchem wir Kräfte für den Sieg erlangen können.

> Menschenseele!
> Du lebest im ruhenden Haupte,
> Das dir aus Ewigkeitsgründen
> Die Weltgedanken erschließet...

Die Seele empfängt eine entscheidende Mitteilung: daß sie mit dem Haupte verbunden ist, welches ihr den Zugang zu den Weltgedanken eröffnet. Um sich dessen aber bewußt zu werden, muß man «üben»

> ... Geist-Erschauen
> In Gedanken-Ruhe ...

Die zu leistende Arbeit ist eindeutig angegeben, die Gedanken wie Wesen zu betrachten, welche «die ewigen Ziele in sich tragen», damit diese ewigen Ziele das «Welten-Wesens-Licht dem eignen Ich ... schenken» und der Mensch dadurch frei werden wird, denn *sein Denken wird wahr sein,* sich auf die *Menschen-Geistes-Gründe* stützend.

... du wirst wahrhaft denken
In Menschen-Geistes-Gründen.

Dieses ist es, was die Menschen «hören» müssen in unserer heutigen Zeit, wo die dritte Versuchung, das Geistige zu vernachlässigen, ganz besonders stark ist, denn man muß, sagt man, leben, essen, Steine in Brot verwandeln (das Mineralische, das Geld). Die Weltgedanken warten, daß der Mensch sie zum Lichte zurückbringt:

Denn es walten des Geistes Weltgedanken
Im Weltenwesen Licht-erflehend...

Wenn die Seele an diesen Gedanken «erwacht» und sich der Arbeit hingibt, sie dem «Welten-Geistes-Licht» zu vereinen, dann schafft das menschliche Denken das *wahre geistige Brot,* das die Kraft enthält, die irdische Materie auf rechte Weise umzuwandeln. Durch dieses mächtige Denken wurde Ahriman besiegt, denn es ist nicht mehr ausschließlich an das Gehirn gebunden, es hat sich davon befreit, um das irdische geistige Brot hervorzubringen.

Bei dieser Arbeit hat der Mensch *die Kraft des Erkenntnisschaffens* entwickelt.

Dank der Tat des Christus auf Golgatha und aufgrund der Tatsache, daß er seine Substanz der Erde verbunden hat, den Worten entsprechend:

Wer mein Brot ißt,
wird mich mit Füßen treten,

wird der Meditierende Ahriman antworten können:

«Indem ich mich in meinen Seelentiefen mit dem Christus

verbinde, wird die Materie selbst Geist durch die Tätigkeit meines Denkens. Ich will dafür kämpfen, daß die Christus-Wesenheit mehr und mehr in mir und auf der Erde anwesend sein wird.»

Der große deutsche Mystiker des 17. Jahrhunderts, Angelus Silesius, charakterisiert dies in dem Spruch aus dem «Cherubinischen Wandersmann»:

> Das Brot ernährt mich nicht,
> Was mich im Brote speist,
> Ist Gottes ew'ges Wort,
> Ist Leben und ist Geist.

Daß der Christus sich vollständig in Jesus während drei Jahren auf der Erde inkarniert hat, daß er durch den Tod gegangen und auferstanden ist und dadurch die Erde zu *seinem Leib* gemacht hat, das besiegt Ahriman. Dagegen ist er machtlos.

V. Zusammenfassung

Die drei wichtigsten Seelenkräfte, die der Geistesschüler zu entwickeln hat, sind

- Erkenntnismut,
- Erkenntnisfeuer,
- Erkenntnisschaffen.

Der meditierende Mensch findet sich auf dem geistigen Entwicklungswege mit den drei Versuchungen konfrontiert, welche der Christus uns in der Wüste vorgelebt hat. Durch seine Arbeit, sein Leiden, sein Sterben in Christus wird er fähig, drei Kräfte zu entwickeln:

1. den Erkenntnismut,
2. das Erkenntnisfeuer,
3. die Erkenntnis-Schaffenskraft.

Durch intensive Kämpfe hindurchgehend, wird ihm in bescheidener Weise zuteil, in bestimmten Augenblicken das zu erleben, was der Christus in der Wüste nach dem Sieg über die Versuchermächte erlebte und was Matthäus uns mit folgenden Worten beschreibt:

«Da ließen die Widersacher von ihm ab und siehe, Engel nahten ihm und dienten ihm.»

Anhang

Zu Kap. I, Der Grundstein als Lebenskeim

Aus Goethe, «Faust», Der Tragödie zweiter Teil, Fünfter Akt: «Großer Vorhof des Palasts»

Faust: Ja! diesem Sinne bin ich ganz ergeben,
Das ist der Weisheit letzter Schluß:
Nur der verdient sich Freiheit wie das Leben,
Der täglich sie erobern muß!
Und so verbringt, umrungen von Gefahr,
Hier Kindheit, Mann und Greis sein tüchtig Jahr.
Solch ein Gewimmel möcht ich sehn,
Auf freiem Grund mit freiem Volke stehn!

Zum Augenblicke dürft ich sagen:
«Verweile doch, du bist so schön!
Es kann die Spur von meinen Erdetagen
Nicht in Äonen untergehn.» –
Im Vorgefühl von solchem hohen Glück
Genieß ich jetzt den höchsten Augenblick.

Faust sinkt zurück, die Lemuren fassen in auf und legen ihn auf den Boden.

Gedicht von Christian Morgenstern

Wie oft wohl bin ich schon gewandelt
auf diesem Erdenball des Leids,
wie oft wohl hab ich umgewandelt
den Stoff, die Form des Lebenskleids?

Wie oft mag ich schon sein gegangen
durch diese Welt, aus dieser Welt,
um ewig wieder anzufangen
von frischem Hoffnungstrieb geschwellt?

Es steigt empor, es sinkt die Welle –
so leben wir auch ohne Ruh;
unmöglich, daß sie aufwärts schnelle
und nicht zurück – dem Grunde zu.

Anhang zu Kap. II, Die drei Stufen der Meditation

Texte von Rudolf Steiner:

«Das Gehen ist ja nicht bloß gehen, das man lernt mit dem Gehen, denn das ist nur eine einzelne Erscheinung, sondern es ist das Sich-im-Gleichgewicht-Hineinstellen in die Welt; gehen ist nur die gröbste Erscheinung dabei. Vorher ist man außer diesem Gleichgewicht, jetzt lernt man sich im Gleichgewichte in die Welt hineinstellen. Woher kommt das? Es kommt davon her, daß der Mensch mit *einem Kopfe* geboren wird, *der eine ganz bestimmte Gleichgewichtslage verlangt* ... Der Mensch wird also so geboren, daß sein Gehirn so gelagert sein muß, daß es in ein Gewicht kommt, wo gerade dieses Verhältnis zum verdrängten Gehirnwasser herauskommt. Dies richtet sich ein, während wir uns vom Kriechen zum Uns-Aufrichten orientieren.» [Tatsächlich ist der Kopf durch die aufrechte Haltung des Menschen vertikal, ebenso das Gehirn, welches, getragen von dem Gehirnwasser, dem archimedischen Prinzip unterliegt: diese Haltung ist optimal für das menschliche Denken. A. F.] «Gehen und Greifen ist das, was *vom Gehirn* in einer bestimmten Lage vom Menschen gefordert wird. Es geht vom Gehirn aus das Ins-Gleichgewicht-Kommen des Menschen.»[74] [Folglich muß sich der «normale» physische Mensch *ganz natürlich* aufrichten. A. F.]

* * *

«Der Kopf hängt mit der Gestaltbildung des Menschen zusammen. Ja aber – bildet der Kopf unsere eigentliche Menschengestalt? Das tut er nämlich nicht. Sie müssen sich schon bequemen zu der Anschauung, daß der Kopf fortwährend im geheimen etwas anderes aus Ihnen machen will, als Sie sind. Da gibt es Augenblikke, in denen Sie der Kopf so gestalten möchte, daß Sie aussehen wie ein Wolf. Da gibt es Augenblicke, in denen Sie der Kopf so gestalten möchte, daß Sie aussehen wie ein Lamm, dann wiederum, daß Sie aussehen wie ein Wurm; zum Wurm, zum Drachen möchte er Sie machen. All die Gestaltungen, die eigentlich Ihr Haupt mit Ihnen vorhat, die finden Sie ausgebreitet draußen in der Natur in den verschiedenen Tierformen. Schauen Sie das Tierreich an, so können Sie sich sagen: Das bin ich selbst, nur erweist mir mein Rumpfsystem und mein Gliedmaßensystem die Gefälligkeit, fortwährend, indem vom Kopf ausgeht zum Beispiel die Wolfsgestalt, diese Wolfsgestalt umzuwandeln zur Menschenform. Sie überwinden in sich fortwährend das Animalische. Sie bemächtigen sich seiner so, daß Sie es in sich nicht ganz zum Dasein kommen lassen, sondern es metamorphosieren, umgestalten. Es ist also der Mensch durch sein Kopfsystem mit der tierischen Umwelt in einer Beziehung, aber so, daß er in seinem leiblichen Schaffen über diese tierische Umwelt fortwährend hinausgeht. Was bleibt denn da eigentlich in Ihnen? Sie können einen Menschen anschauen. Stellen Sie sich den Menschen vor. Sie können die interessante Betrachtung anstellen, daß Sie sagen: Da ist der Mensch. Oben hat er seinen Kopf. Da bewegt sich eigentlich ein Wolf, aber es wird kein Wolf; er wird gleich durch den Rumpf und die Gliedmaßen aufgelöst. Da bewegt sich eigentlich ein Lamm, es wird durch den Rumpf und die Gliedmaßen aufgelöst.

Fortwährend bewegen sich da übersinnlich die tierischen Formen im Menschen und werden aufgelöst. Was wäre es denn, wenn es einen übersinnlichen Photographen gäbe, der diesen Prozeß festhielte, der also diesen ganzen Prozeß auf die Photographenplatte oder auf fortwährend wechselnde Photographenplatten brächte? Was würde man denn da auf der Photographenplatte sehen? Die Gedanken des Menschen würde man sehen. Diese Gedanken des Menschen sind nämlich das übersinnliche Korrelat desjenigen, was sinnlich nicht zum Ausdruck kommt. Sinnlich kommt nicht zum Ausdruck diese fortwährende Metamorphose aus dem Tierischen, vom Kopfe nach unten strömend, aber übersinnlich wirkt sie im Menschen als der Gedankenprozeß. Als ein übersinnlich realer Prozeß ist das durchaus vorhanden. Ihr Kopf ist nicht nur der Faulenzer auf den Schultern, sondern er ist derjenige, der Sie eigentlich gerne in der Tierheit erhalten möchte. Er gibt Ihnen die Formen des ganzen Tierreiches, er möchte gerne, daß fortwährend Tierreiche entstehen. Aber Sie lassen es durch Ihren Rumpf und die Gliedmaßen nicht dazu kommen, daß durch Sie ein ganzes Tierreich im Laufe Ihres Lebens entsteht, sondern Sie verwandeln dieses Tierreich in Ihre Gedanken. So stehen wir zum Tierreich in Beziehung. Wir lassen übersinnlich dieses Tierreich in uns entstehen und lassen es dann nicht zur sinnlichen Wirklichkeit kommen, sondern halten es im Übersinnlichen zurück. Rumpf und Gliedmaßen lassen diese entstehenden Tiere in ihr Gebiet nicht herein. Wenn der Kopf zu sehr die Neigung hat, etwas von diesem Tierischen zu erzeugen, dann sträubt sich der übrige Organismus, das aufzunehmen, und dann muß der Kopf zur Migräne greifen, um es wiederum auszurotten, und zu ähnlichen Dingen, die sich im Kopfe abspielen.»[75]

Anmerkungen

1 Rudolf Steiner, Die Weihnachtstagung zur Begründung der Allgemeinen Anthroposophischen Gesellschaft 1923/24. GA 260. 3. Aufl. Dornach 1963. S. 58.

2 Prinzipien der Allgemeinen Anthroposophischen Gesellschaft. Ebenda, S. 106.

3 Rudolf Steiner, Esoterische Betrachtungen karmischer Zusammenhänge. GA 236. 5. Aufl. Dornach 1977, Vortrag vom 4. Juni 1924.

4 Beispiele siehe Anhang S. 113.

5 Siehe Anm. 3, Vortrag vom 4. Juni 1924.

6 Rudolf Steiner, Metamorphose des Seelenlebens, Pfade der Seelenerlebnisse. GA 59, I. Aufl. Dornach 1984. Vortrag vom 17. Februar 1910.

7 Siehe Anm. 6, Vortrag vom 17. Februar 1910. S. 114.

8 Rudolf Steiner, Vier Mysteriendramen. GA 14. 3. Aufl. Dornach 1962. Der Seelen Erwachen, erstes Bild. S. 408.

9 Ernst Lehrs, Gelebte Erwartung, Stuttgart 1979. S. 114.

10 Rudolf Steiner, Wie erlangt man Erkenntnisse der höheren Welten? GA 10. 22. Aufl. Dornach 1975.

11 Rudolf Steiner, Esoterische Betrachtungen … GA 240. 3. Aufl. Dornach 1977. Vortrag vom 20. Juli 1924.

12 Siehe Anm. 11, Vortrag vom 20. Juli 1924. S. 188–191.

13 Siehe Anm. 11, Vortrag vom 20. Juli 1924. S. 198.

14 Rudolf Steiner, Mysteriengestaltungen. GA 232. 3. Aufl. Dornach 1974.

15 Rudolf Steiner, Die Tempellegende und die Goldene Legende. GA 93. I. Aufl. Dornach 1979. Vortrag vom 11. November 1904. S. 72 f.

16 Siehe Anm. 1. Die Grundsteinlegung. S. 88.

17 Rudolf Steiner, Die geistige Führung des Menschen und der Menschheit. GA 15. 9. Aufl. Dornach 1974.

18–20 Ebenda. S. 13 f., 19.

21 Beispiel von Rudolf Steiner.

22 Rudolf Steiner, Der menschliche und der kosmische Gedanke. GA 151. 5. Aufl. Dornach 1979.

23 Rudolf Steiner, Das Sonnenmysterium und das Mysterium von Tod und Auferstehung. GA 211. 1. Aufl. Dornach 1963. Vortrag vom 14. April 1922. S. 146.

24 Rudolf Steiner, Die Geheimwissenschaft im Umriß. Dornach 1979. Taschenbuchausgabe, S. 240.

25 Siehe Anm. 24. S. 230.

26 Siehe Anm. 10, Bedingungen. S. 24 f.

27 Rudolf Steiner, Die menschliche Seele in ihrem Zusammenhang mit göttlich-geistigen Individualitäten. GA 224. 1. Aufl. Dornach 1966.

28 Siehe Anm. 23, gleicher Vortrag. S. 153–156.

29 Siehe Anm. 17. Vortrag vom 6. Juni 1911.

30 Rudolf Steiner, Theosophie. GA 9. 30. Aufl. Dornach 1978.

31 Rudolf Steiner, Welche Bedeutung hat die okkulte Entwickelung des Menschen für seine Hüllen … und sein Selbst? GA 145. 4. Aufl. Dornach 1976. S. 122.

32 Siehe Anm. 10, Der Hüter der Schwelle.

33 Siehe Anm. 10, Leben und Tod.

34 Rudolf Steiner, Aus schicksaltragender Zeit. GA 64. 1. Aufl. Dornach 1959. Vortrag vom 14. Januar 1915. S. 173.

35 Angelius Silesius, Cherubinischer Wandersmann. 1. Buch.

36 Novalis, Fragmente.

37 Rudolf Steiner, Das Johannes-Evangelium. GA 112. 5. Aufl. Dornach 1975. Vortrag vom 7. Juli 1909. S. 267.

38 Siehe Anm. 3, Vortrag vom 9. Mai 1924.

39 Ita Wegman, An die Freunde. Arlesheim 1960. S. 37.

40 Rudolf Steiner, Vorstufen zum Mysterium von Golgatha. GA 152. 1. Aufl. Dornach 1964. Vortrag vom 7. März 1914. S. 113 f.

41 Ebenda. S. 114.

42 Vom Verfasser hervorgehoben.

43 Siehe Anm. 40.

44 F. W. Zeylmans van Emmichoven, Der Grundstein. 6. Aufl. Stuttgart 1990.

45 Siehe Anm. 44, S. 54.

46 Rudolf Steiner, Die Schwelle der geistigen Welt. GA 17. 6. Aufl. Dornach 1972. S. 13.

47 Rudolf Steiner, Die Mission einzelner Volksseelen. GA 121. 4. Aufl. Dornach 1962. Vortrag vom 11. Juni 1910.

48–54 Ebenda. S. 92–96.

55 Aus Michaels Wirken, Die Erschaffung Adams. Russ. Legende.

56 Das Neue Testament, Übersetzung von Emil Bock. 3. Aufl. Stuttgart 1987. Matthäus-Evangelium, IV. Kap. I–II

57 Siehe Anm. 56, Kap. 6.

58 Rudolf Steiner, Aus der Akasha-Forschung. Das Fünfte Evangelium. GA 148. 2. Aufl. Dornach 1975. Vortrag vom 6. Oktober 1913.

59–63 Ebenda.

64 Siehe Kap. II.

65 Siehe Anm. 56, Matthäus-Evangelium.

66 Siehe Anm. 23, Vortrag vom 2. April 1922.

67–71 Ebenda. S. 110 ff.

72 Siehe Anm. 56, Johannes-Evangelium.

73 Siehe Anm. 72.

74 Rudolf Steiner, der pädagogische Wert der Menschenerkenntnis und der Kulturwert der Pädagogik. GA 310. 3. Aufl. Dornach 1965. Vortrag vom 18. Juli 1924. S. 38 f.

75 Rudolf Steiner, Allgemeine Menschenkunde. GA 293. 7. Aufl. Dornach 1973. Vortrag vom 3. September 1919, S. 172 ff.